Hans Nicklisch

Wenn Liebe aus dem Rahmen fällt

Hans Nicklisch

Wenn Liebe aus dem Rahmen fällt

Roman

Universitas

Schutzumschlag: Ingeborg Haun, Ismaning
Satz: Fotosatz Völkl, Germering
Druck: Jos. C. Huber KG, Dießen
Binden: R. Oldenbourg, München
Printed in Germany
ISBN: 3-8004-1114-8

Erstes Kapitel

Die Maisonne brennt schon fast sommerlich, wie sich's noch gar nicht gehört, auf den holprig gepflasterten, zum Torturm leicht abfallenden Schloßhof herunter, und das Grüppchen Touristen, das sich zur Besichtigung des Schlosses eingefunden hat, hat sich in Erwartung der Führung in den halbwegs kühlen Schatten der alten Linde verzogen, die mit ihrer mächtig ausladenden Krone beinah die Ruine des einstigen Küchen- und Gesindeflügels verdeckt und dessen Zerstörung vor fast zweieinhalb Jahrhunderten standhaft überdauert hat. Nur ein paar zum Touristengrüppchen gehörende Kinder jagen sich kreischend über den Hof, und hinter dem Fenster des Vestibüls runzelt Jakob, der Schloßkastellan, der in seiner rundlich-stämmigen Person diese Rolle mit der des Fremdenführers und einzigen Dieners im

Haushalt der Schloßherrin vereint, bedenklich die Stirn. Kinder bringen nichts ein, sie sind im Eintrittspreis der Erwachsenen inbegriffen und stören erfahrungsgemäß den reibungslosen Ablauf der Führung. Unerzogen, wie sie heutzutage meist sind, hören sie seinen Erklärungen nicht andächtig zu, bestehen darauf – man denke! –, mit den alten Waffen in der Waffenkammer, den Arkebusen, Hellebarden und Knebelspießen, zu spielen, und ein besonders unternehmungslustiges Bürschchen hat sich kürzlich sogar bei einer der beiden Ritterrüstungen am Eingang zur großen Halle die Finger geklemmt, weil er sie unbedingt anprobieren wollte. Sein Vater hatte noch die Frechheit besessen, sich über ihre ungenügende Sicherung zu beschweren. Das Söhnchen hätte sich ja wer weiß was antun können!

Aber immerhin – Jakobs Blick schweift zu dem harrenden Grüppchen unter der Linde zurück und heitert sich auf –, er zählt vierzehn Erwachsene, also achtundzwanzig Mark, mit dem Ertrag der ersten Führung dieses Tages zusammen über fünfzig, die er nachher der Komteß Teresa überreichen kann. Kein schlechtes Ergebnis, findet er, wenn man bedenkt, daß es kein Sonntag oder Festtag ist. Außerdem werden sicher ein paar Ansichtskarten mit der Fotografie des Schlosses verkauft, und natürlich wird er wie immer am Schluß der Führung

einen diskreten Hinweis auf die vorzügliche Küche des verpachteten Schloßrestaurants im Alten Forsthaus gleich vorn neben dem unteren Torhaus einflechten, und da die Mittagsstunde naht, ist zu erhoffen, daß wenigstens einige der Besucher dem Hinweis folgen und dort einkehren werden, eine Einnahme, die sich zum Teil ebenfalls in der für jede Mark dankbaren gräflichen Kasse niederschlägt. Von guter Luft und Tradition allein kann man ja im Schloß nicht leben, und irgendwo Empfangsdame oder Sekretärin zu spielen, ist seiner Ansicht nach für eine Komteß Hohenberg völlig unmöglich. Schlimm genug schon, daß sie, wenn viel zu tun ist, gelegentlich in der Forsthausküche drüben hilft, aber da sieht es wenigstens niemand.
Jakobs Brust entfährt ein diesen unerfreulichen Umständen geltender Seufzer, während er feststellt, daß die Uhr am Torturm fünf Minuten vor elf zeigt. Um elf ist die zweite und aus besonderem Anlaß ausnahmsweise letzte Führung dieses Tages angesetzt.
Gewohnheitsmäßig zieht er seinen Rock zurecht. Es ist nicht die übliche schmucke, wenn auch ein wenig verschlissene Livree, die er im Hausdienst trägt, sondern ein in der Schloßkleiderkammer gefundenes Relikt aus früheren Tagen, eine Art Jagdrock aus derbem Stoff mit hochgeschlossenem Kragen, dessen Hirsch-

hornknöpfe er von Anna, dem Stubenmädchen, der einzigen Hausangestellten außer ihm, durch metallene Knöpfe hat ersetzen lassen, um ihm einen uniformähnlichen, seiner augenblicklichen Rolle angemesseneren Anstrich zu geben. Leider sitzt er über dem Bauch ein bißchen stramm, so daß er jedesmal, wenn er den Arm hebt, um etwas zu zeigen, Falten schlägt, die er hinterher wieder glatt ziehen muß, eine Bewegung, die längst – wie eben – mechanisch erfolgt. Ebenso mechanisch überzeugt er sich, ob in der Rocktasche der Zettel knistert, auf dem er sich die wichtigsten Daten der Schloßgeschichte notiert hat. Er braucht ihn zwar nicht, die Daten und Fakten könnte er im Schlaf herbeten, aber man kann nie wissen. Es soll ja jäh auftretende Gedächtnislücken geben, und sicher ist sicher.

Und dann ist es soweit: eine Minute vor elf. Doch bevor er sich gewichtig zur Tür in Marsch setzen kann, sieht er eine schwarzglänzende, breitbrüstige Limousine vorsichtig durch die schmale Durchfahrt des Torturms rollen und vor dem Portal halten. Die drei Herren, die ihr entsteigen, sind leider kein Zuwachs für das Touristengrüppchen. Sie bringen kein Geld, sie wollen welches, wenigstens die beiden in den korrekten dunklen Anzügen, die schwarze Aktenköfferchen tragen. Jakob kennt sie schon, sie sind von der Bank, und in den Köfferchen wittert er Ungemach für seine Komteß. Nimmt man Jakobs Vater und Großvater hinzu, gehört er schon an die hundert Jahre zum Haus, lange genug, um auch ohne unfeines Horchen an geschlossenen Türen von Hypotheken und schuldig gebliebenen Zinsen zu wissen. Und auch lange genug, um sich zum Hause gehörig, sozusagen ein wenig gräflich zu fühlen und das vermutliche Anliegen der Herren als plebejische Zumutung zu empfinden. Seine Begrüßung entspricht infolgedessen gerade eben noch den Geboten der Höflichkeit.

Der dritte Herr ist nicht von der Bank, sondern ein Vetter der Komteß, Baron Ferdinand Knitzewitz, ein flotter, sportlich-salopp gekleideter Typ, zu salopp für Jakobs Geschmack, der, wie das Stubenmädchen Anna von ihrer in der Stadt bei den Knitzewitzens in Dienst stehenden Schwester weiß, ein wahrer Hallodri sein soll, der es mit den Damen hat. Nicht mit Damen eigentlich, aber darüber steht Jakob kein Urteil zu. Zudem soll er aber auf Pferde wetten, meist auf die falschen, und deshalb bis über die Ohren in Schulden stecken. Daß er die Bankherren begleitet, muß seine tieferen Gründe haben.

»Tag, Jakob«, grüßt er, lässig wie immer. »Ist die Komteß oben bei sich?«

Jakob stattet seine Antwort mit einer Kleinigkeit zusätzlicher Höflichkeit aus. Der Baron gehört immerhin zur Familie.

»Gewiß. Wenn ich die Herren führen soll ...?«
Doch der junge Mann winkt großzügig ab.

»Lassen Sie nur.« Sein flinker Blick hat das Grüppchen im Schatten der Linde erspäht. »Ich sehe, Sie haben Kundschaft im Laden. Lassen Sie sie nicht unnötig warten. Sie bringt immerhin Bargeld ins Haus. Ich bringe die Herren selbst hinauf.«
Er ist den Besuchern schon ins Vestibül gefolgt, dreht sich jedoch noch einmal um.

»Für das kleine Fest heute abend ist doch alles vorbereitet?« erkundigt er sich gedämpft.
Jakob nickt. Sein Doppelkinn schwabbelt leise über den hochgeschlossenen Kragen.

»Die Forsthausküche wird für einen kleinen Imbiß für zwölf bis fünfzehn Personen sorgen.«

»Hoffentlich fällt er nicht zu klein aus«, scherzt der Baron. »Und lassen Sie auch Champagner kaltstellen.«

»Champagner?«
Es hört sich an, als habe man Unerhörtes von ihm verlangt. Jakob reißt ungläubig die wie Rosinen in den teigigen Fettpölsterchen seines Gesichts sitzenden Augen auf, seine dicken, schwarzen Brauen klettern steil in die Stirn.
Der Baron grient.

»Keine Bange. Der Abend bringt's hoffentlich wieder ein. Das läuft unter Werbungskosten.«

Und als sei das ein guter Witz, wendet er sich mit einem amüsierten Lacher ab, gesellt sich zu den Herrn der Bank, die schon ungeduldig warten, und geleitet sie die von der Halle zu den privaten Räumlichkeiten führende Treppe hinauf.

Jakob starrt ihm verdattert nach. Champagner soll er kaltstellen lassen? Seit ewigen Zeiten hat kein Champagnerkorken mehr zwischen den Mauern des Schlosses geknallt. Bis zum Tode des alten Grafen, ja, da schon. Der alte Graf war gewiß kein Freund von Traurigkeit gewesen, aber selbst als die Mutter der Komteß noch lebte, hat man sich bei festlichen Gelegenheiten mit einem Gläschen Aßmannshäuser von der billigeren Sorte begnügt. Und nun Champagner? Auf Werbungskosten? Was soll das nun wieder heißen? Wer wirbt, oder um was soll geworben werden?

Jakobs nicht allzu imposante Stirn unter dem korrekt gezogenen Mittelscheitel schlägt beträchtliche Kräuselfalten, Zeichen emsiger Gedankentätigkeit, doch bevor sie ihn aus dem Dunkel seiner Verblüffung zu einem erhellenden Ergebnis führt, vernimmt er hinter sich eine schüchterne weibliche Stimme:

»Entschuldigen Sie ... fällt die Führung aus?«

Er gewahrt im Eingang eine zaghafte ältere Dame, dahinter wie Schatten vor hellem Licht einige Gestalten des Grüppchens, und das Gebot der Pflicht verjagt schnurstracks das wirre Geraune seiner Gedanken. Er strafft sich prompt, zieht sich den Rock wie gewöhnlich zurecht und hat die Verwandlung zum gräflichen Fremdenführer bereits vollzogen.

»Nein, keineswegs«, versichert er mit einer einladenden kleinen Verbeugung. »Sie beginnt sofort. Treten Sie näher. Zwei Mark pro Person, wenn ich bitten darf.«

Das fehlte noch! Champagner kaltstellen und dann womöglich bare achtunzwanzig Mark schießen lassen! Und überhaupt: was hieß Champagner? Schlichter Sekt tat es gewißlich auch.

Dem Umstand, daß Komteß Teresa eben das Kleid für die heutige Festivität anprobiert, die auf Vetter Ferdis Vorschlag in historischem Habit stattfinden soll, haben es die Herren von der Bank zu verdanken, daß sie sie in ihrem Wohngemach in ungewöhnlicher, aber äußerst reizvoller Kostümierung antreffen. Zartrosa, in sich gemusterter Atlas umschließt sie knapp bis zur schlanken Taille und wölbt sich über den Hüften zu einem weiten, den Boden streifenden Rock. Eine schmale weiße Rüsche umsäumt das offenherzige Dekolleté, und zartes

Spitzengeriesel quillt aus den gebauschten, halblangen Ärmeln bis fast über die schmalen, feingliedrigen Hände. Daß der Atlas brüchig und das Weiß der Spitze leicht vergilbt ist, sieht man erst aus nächster Nähe. Schließlich hat das Prachtstück mehr als zweihundert Jahre in der von einer nicht abreißenden Kette treusorgender Kammerjungfern betreuten Kleiderkammer des Schlosses gehangen, bevor es in den nun jungfernlosen, schlechteren Zeiten mit einigen anderen, teils männlicher, teils weiblicher Bekleidung dienender Modeexempel als besonders gut erhaltenes Exemplar in eine der Vitrinen unten im Saal neben der Halle avancierte, um zahlenden Fremden einen Hauch der Eleganz vergangener Jahrhunderte zu vermitteln.

Gut erhalten ist es, gewiß, aber doch nicht so gut, daß es die Strapaze eines raschen Umzugs schadlos überstehen würde, so daß Teresa, die die Bankherren möglichst schnell wieder loswerden will, bereit ist, sie auch so zu empfangen. Sie weiß ohnehin, was sie wollen, und schickt deshalb nur Anna hinaus, die mit einer eingefädelten Nähnadel und ein paar Stecknadeln zwischen den fest zusammengekniffenen Lippen hinter ihr kniete, um einige kleine Defekte zu beheben.

Nachdem das Wohlgefallen an ihrer Erscheinung geschäftlichem Ernst gewichen ist, währt die Unterredung nur kurz. Wenn man weiß oder zu wissen glaubt, was man vom anderen zu erwarten hat, braucht man nicht viele Worte zu machen. Den Herren geht es um die wiedermal ausgebliebenen Zinsen für die auf Schloß und Gut lastenden Hypotheken, die man mit Rücksicht auf die langen und einst einbringlichen Geschäftsbeziehungen zur gräflichen Familie immer wieder gestundet hat. Die einzige Überraschung ist die, daß man diesmal nicht mehr stunden will. Alle Kulanz hat mal ein Ende, muß eins haben, wenn die Geduld allzu ausgiebig strapaziert wird. Falls die gesamte Schuld nicht bis zu einem gewissen Termin beglichen werden könne, erklärt der ältere der Herren mit Beileidsmiene, sehe man sich bedauerlicherweise genötigt, das hypothekarisch verbriefte Pfandrecht auszuüben und zur Versteigerung zu schreiten. Nur höchst ungern natürlich, das verstehe sich von selbst, aber ... Und die Hände des Herrn heben sich in einer beredten Geste zur Ohnmacht verurteilten guten Willens.

Doch auch für die Bankherren hält die Unterredung eine kleine Überraschung bereit. Die Ankündigung wirkt auf die Betroffenen nämlich keineswegs wie der erwartete Donnerschlag, sondern erzeugt in den schönen dunklen Augen der Komteß nur ein kühl-melancholisches Lächeln, während der Baron lässig verlauten läßt, so weit werde es gewiß nicht kommen. Es zeichne sich da bereits eine erfreuliche Lösung ab, die die Herren gewiß befriedigen werde, nur sei es noch ein wenig zu früh, darüber zu sprechen. Mehr ist vorläufig nicht aus ihm herauszubringen.

Immerhin schwinden die Beileidsmienen der Herren bei gedämpft hoffnungsvollen Abschiedsworten, und der Baron kann sie munter plaudernd die Treppe hinunter zum Wagen geleiten.

Als er wieder oben erscheint, findet er Teresa am Fenster, offenbar grübelnd in den Anblick üppig sprießenden Grüns im verwilderten Park des Schlosses versunken.

»Du siehst«, sagt er und zieht die Tür sorgfältig hinter sich zu, »daß uns nichts anderes übrigbleibt, als die Werbung des lieben Hubert anzunehmen.«

»Uns? Wieso uns?« Sie wendet sich ihm mit einem kleinen, spöttischen Lächeln zu. »Du meinst doch wohl ›mir‹? Oder gedachtest du etwa auch, mit dem Herrn Hubert Hunziger in den Stand der Ehe zu treten?«

Er lacht, es klingt ein wenig gezwungen. Er macht sich selbst gern über andere lustig, aber wenn's ihm gilt, schätzt er's weniger. Von Teresa schon gar nicht. Er mag sie nämlich. In ihrer schlanken, italienisch-dunklen Schönheit ist sie eigentlich genau seine Kragenweite, doch

Cousinen heiratet man in ohnehin genetisch schon vorbelasteten Familien nicht, wenigstens nicht solche ersten Grades. Außerdem muß er sich ebenfalls nach einer reichen Partie umsehen. Selbst wenn Teresa Hubert Hunziger heiratet und damit Schloß und Gut Herrenberg schuldenfrei in die Hand bekommt, könnte er mit dem ihm zustehenden kargen Anteil an ihrem Erbe nur lächerlich kleine Sprünge machen. Und kleine Sprünge schätzt er nicht. Wenn schon springen, dann gleich richtig. Also wird er sich in ergiebigeren Gefilden auf die Suche machen müssen …
Wie gesagt, er lacht.

»Ich tät's«, witzelt er. »Du weißt, für Geld tu ich alles, aber wie die Dinge liegen, wirst du wohl allein in den sauren Apfel beißen müssen. Das heißt, so sauer ist der gar nicht. Hubert ist jung, dreißig, nicht gerade ein Adonis, das stimmt, aber dafür bis über die Ohren in dich verknallt. Jetzt schon hat er Geld wie Heu, und wenn sein alter Herr ins Gras beißt, ist er alleiniger Chef eines Konzerns mit ein paar Milliarden Umsatz im Jahr. Die Hypotheken ablösen ist ein Pappenstiel für ihn. Dazu will er drüben am Südhang des Herrenbergs ein paar Hektar Wald roden lassen und ein modernes Kur-Zentrum mit Sanatorium und Hotels errichten, von dem wir alle profitieren werden. Ist das etwa nichts? Was hast du also gegen den Burschen?«

»Nichts. Er ist nett«, sagt sie friedlich. »Bis auf das Waldroden, das ich ohnehin nicht zulassen würde. Aber ich liebe ihn nicht.«

»Heiliger Bimbam! Lieben willst du ihn auch noch? Seit deiner Ururundsoweitergroßmutter, der Italienerin, ist bei uns nicht mehr aus Liebe geheiratet, sondern nur aus Familieninteressen *ver*heiratet worden. Genügt's nicht, wenn er verliebt genug in dich ist, um uns sofort aus der Klemme zu helfen? Oder willst du lieber das Bild da verscherbeln?«

Es ist ein Tiefschlag. Sie hängt auf eine ihm total unverständliche, besondere Art an dem Bild, und er weiß es, aber ihrer Situation ist mit zartfühlenderen Mittelchen nicht mehr beizukommen, und wenn er sie endgültig für die Verlobung breitschlagen will, die, wenn's nach ihm geht, die nur deswegen heute abend veranstaltete kleine Festivität krönen soll, muß er eben zu weniger zartfühlenden greifen.

Der Tiefschlag sitzt. Teresa fährt in ihrer rosa Atlaspracht ganz undamenhaft heftig zur Wand herum, an der das fragliche Bild blaßgoldgerahmt im vollen Licht des Fensters hängt, als müsse sie sich vergewissern, daß es noch da ist, und ruft entrüstet:

»Nein! Das nicht!«

Es ist das Porträt eines Vorfahren, des Grafen Kasimir Kabolski, ein paar Jahre vor seinem spurlosen Verschwinden während des Bauernaufstands 1744 gelegentlich eines Aufenthalts in Paris von keinem Geringeren als François Boucher gemalt und der einzige Gegenstand von beträchtlichem Wert, den das Schloß noch in seinen alten Mauern birgt. Experten haben es vorsichtig auf mehr als eine halbe Million geschätzt. Es zu verkaufen, hätte sie vom größten Teil der Familienschulden befreit, aber sie hat sich stets dagegen gewehrt. Sie kann's einfach nicht, und sie will es nicht. Etwas verbindet sie mit ihm und dem jungen Mann in weißer Rokokoperücke, den es darstellt.

Nicht nur sein nie geklärtes frühes Ende macht ihn zu einem Sonderfall in der länglichen Geschichte ihrer Familie, in der es sonst nur von mehr oder weniger ruhmlosen Militärs, Höflingen und sturen Landjunkern wimmelt, Leuten, an denen die Phantasie einer romantisch veranlagten jungen Person beim besten Willen nichts zum Hochranken findet. Dieser Kasimir Kabolski jedoch soll laut Chronik schon in jungen Jahren nach Italien gereist und an den Universitäten von Bologna und Padua außer Juristerei auch okkulte Wissenschaften studiert und zudem auch noch die Contessina Teresa die Farfano-Cavallazzi aus einem Kloster entführt und später geheiratet haben. In ihrer kaum ein Dezennium währenden Ehe kinderlos geblieben – wegen häufiger Abwesenheit des Gatten, stand in der Chronik vermerkt –, hatte sie Jahre nach dessen rätselhaftem Verschwinden, Jahre, in denen sie keineswegs das zurückgezogene Leben einer ehrbaren Wittib geführt haben sollte, einen Baron Felsbach geehelicht und dem häuslicheren neuen Eheherrn noch zwei Kinder geschenkt.

Ihren Vornamen hatten nach ihr viele Töchter der Familie getragen, und auch das Italienische war immer mal wieder durchgeschlagen. Wenn man dem kunstlosen, kleinen Porträt in der Halle unten glauben will, besteht zwischen der jetzigen und jener frühen Teresa sogar eine außerordentliche, nicht zu übersehende Ähnlichkeit.

»Nein«, wiederholt sie halsstarrig. »Das Bild verkaufen kommt nicht in Frage! Eher ...«

Sie verstummt, halb erschrocken, halb schon ergeben.

»Eher«, fällt der Baron flink ein, »heiraten wir ... ich meine, heiratest du den lieben Hubert samt seinem Geld, nicht wahr?«

Sie nickt. Es ist nicht gerade ein entschiedenes Nicken, das nicht, aber ein Nicken immerhin.

»Na also, endlich!« Ferdi reibt sich befriedigt über den Erfolg seiner Taktik die sorglich manikürten Hände.

»Dann ist ja alles in schönster Ordnung. Du wirst es bestimmt nicht bereuen, Cousinchen. Ich kenne Hubert wie meine Tasche. Er ist anständig und treu wie Gold, wenn er mal Feuer gefangen hat. Und außerdem fliegt er auf Adel und Tradition. Deswegen habe ich auch auf die kleine Maskerade heute abend gedrungen. Paß auf, er frißt dir aus der Hand, und du hast das Familienerbe gerettet.«

Sie hört ihn kaum, weil sie noch immer mit dem jungen Mann im Goldrahmen an der Wand beschäftigt ist. Bouchers galanter Pinsel hat ihn so lebendig auf die Leinwand gezaubert, daß es ihr fast scheinen will, als gelte der ruhige Blick seiner grauen Augen unter den dunklen Brauen ihr, ja, als runzele er ganz leicht die Stirn, als gleite ein Schatten über sein männlich-schönes Gesicht. Aber das ist ja lächerlich. Ein Bild ist schließlich ein Bild und Gefühlsregungen nicht zugänglich.

Als sie sich endlich abwendet, dringt wieder Ferdis Stimme deutlich zu ihr. Er steht schon mit der Klinke in der Hand an der Tür.

»Ich werd' mich in der Kleiderkammer oben ein bißchen umsehen. Irgendwas Passendes wird sich für mich unter dem alten Zeug schon finden.«

»Tu das«, sagt sie. »Hoffentlich findest du was, an dem die Motten noch genug Adel und Tradition für Huberts Ansprüche übriggelassen haben.«

Jakob ist unterdessen eine Treppe tiefer dabei, sein Touristengrüppchen dem Höhepunkt des Rundgangs zuzuführen.

Er hat ihn selbst mit aus Erfahrung gewachsenem Gefühl für dramatische Steigerung und deren Wirkung auf die Spendierfreudigkeit der Besucher so festgelegt. Zuerst der große Saal mit allgemeinen Erläuterungen zur Schloßgeschichte, danach die Waffenkammer mit spezielleren Einblicken in Kriegstechnik und -führung früherer Zeiten. Sodann geht's steil und schlüpfrig ins Verlies im Fundament des Bergfrieds hinunter, dessen Kälte, Düsternis und in die Mauer eingelassene Ketten auch ohne Erklärung schon für den nötigen Schauder sorgen. Für weniger empfindsame, strapzierfähigere Gemüter hält Jakob Daumenschrauben, Halseisen und ein original gebrauchtes Richtschwert mit der tröstlichen Inschrift auf der Klinge »Hab ich den armen Sünder in meine Händ, verleih ihm Gott ein seelig End« zur Besichtigung bereit.
Erst dann führt er zum einstigen Küchen- und Gesindeflügel hinüber. Das heißt, nur bis zu der vermauerten Pforte in der Ostwand des Vestibüls, durch die man einst den jetzt nur noch als Ruine vorhandenen Flügel betrat. Vor ihr und von seiner andächtigen Hörerschaft umrundet, läßt Jakob sein vielerprobtes Glanzstück, die Schilderung des Bauernaufstands, vom Stapel, dem eben dieser Flügel zum Opfer fiel.
Von einem erschrecklichen Hagelsturm ist die

Rede, der die zum Gut gehörenden Dörfer der Umgebung schwer beschädigt und die gesamte Ernte vernichtet habe, was die Bauern dem Schloßherrn von damals, dem Grafen Kasimir Kabolski, zur Last gelegt hätten. Der Graf habe nämlich in einem Gelaß des Flügels hinter sorglich verriegelten Türen mit einem Gehilfen alchimistische Experimente betrieben und deshalb bei den abergläubischen Bauern im Rufe gestanden, mit dem Teufel persönlich im Bunde zu sein. Der Hagelsturm, meinten sie, sei die unausbleibliche Strafe des Himmels für die Duldung solch höllischen Tuns und die Aufforderung an sie gewesen, dem gottlosen Treiben ein Ende zu machen. Die Chronik vermelde, daß die Bauern der umliegenden Dörfer zwei Tage danach, am 30. Mai anno 1744, dem gleichen Tag, an dem der Graf seinen neunten Hochzeitstag mit einer kleinen Festlichkeit zu begehen gedachte, mit Feuerbränden, Sensen und Knüppeln über das Schloß hergefallen seien.

Jakob hält inne, erfreut sich durch einen flinken Rundblick an den erwartungsvollen Mienen seiner Zuhörerschaft, läßt die Spannung noch ein wenig steigen, bis ihm das erste »Und dann? Was war dann?« das Stichwort zur krönenden Vollendung seines Vortrags liefert. Mit tragisch umflorter Stimme fährt er fort:

»Der Flügel wurde erstürmt und niedergebrannt, wie Sie heute noch sehen können. Auch dieser Teil des Schlosses wurde beschädigt, doch samt der Gräfin und der schon anwesenden vornehmen Gäste durch ein in letzter Minute eintreffendes Detachement fürstlich-durlachschen Militärs vor dem Schlimmsten bewahrt. Nur der Graf selbst und sein Gehilfe Hieronimus blieben spurlos verschwunden. Man hat nie wieder von ihnen gehört, und in den Dörfern wird noch heute gemunkelt, der Teufel habe zweifellos die beiden geholt.«

Der Schauer des Unheimlich-Unerklärlichen durchrieselt jeden und trägt zur Bemessung des Trinkgeldes bei. Über die achtundzwanzig Mark des Eintrittsgeldes hinaus, zu denen sich die zweiundzwanzig der ersten Führung gesellen, zählt Jakob vier Mark zwanzig, die er nach dem gewohnten gewissensbeschwerten Zaudern dann doch in die eigene Tasche versenkt. Schließlich hat er das Seine dazu getan, und der Komteß kann er es ohnehin nicht zumuten, Trinkgelder anzunehmen.

Als er sich später, nun wieder in der leicht verschlissenen Livree, bei der Komteß zum Rapport und zur Ablieferung der Tageskasse meldet, findet er sie von neuem in Rock und Pulli, eine junge Frau wie alle anderen auch, allein durch eine Haltung unterschieden, die sich nicht in Jahren, sondern in Jahrhunderten erwirbt. Und natürlich durch eine Schönheit von dunklem, italienischen Charme, den heute, selbst für Jakob spürbar, ein Schleier leiser Melancholie überschattet.

»Danke, Jakob«, sagt sie und nimmt das Kästchen mit dem Geld entgegen. »Zweiundfünfzig Mark? Kein schlechtes Ergebnis für nur zwei Führungen heute.« Und dann lächelt sie doch, trotz Melancholie. »Sie haben sicher wieder Ihr Bestes gegeben.«

Jakob neigt würdig den Mittelscheitel.

»Ich bemühe mich, Madame. Man tut seine Pflicht!«

Teresa sieht ihm mit dem schnell verblassenden Rest eines Lächelns nach, das seiner beharrlich beibehaltenen Gewohnheit gilt, sie nach Art der Diener hochherrschaftlicher Häuser als Hausherrin mit Madame zu titulieren. Doch dann siegt schon wieder die Melancholie. An Hochherrschaftlichkeit hat dieses Haus nicht mehr viel aufzuweisen, und von den zweiundfünfzig Mark im Kästchen ist sie nicht wiederherzustellen, auch wenn es morgen und an jedem folgenden Tag das Doppelte und Dreifache wäre. Nicht mal die Zinsen der Zinsen könnte sie davon bezahlen, von allem anderen gar nicht zu reden. Was also wird ihr übrigbleiben? Wie Jakob ihre Pflicht zu tun und Huberts Bankkonto zu heiraten, um Erbe, Tradition und Familie zu retten? Ferdi hatte es ja gesagt: Seit jener fernen ersten Teresa war von Liebe nicht mehr die Rede gewesen, wenn Töchter des Hauses an den Mann gebracht wurden. Sie hatten Vermögen, Landbesitz, Titel oder Einfluß zu heiraten, möglichst alles zusammen, dazu, zu nichts anderem, waren sie da, und sie hatten es widerspruchslos durch die Zeiten getan. Wie kam ausgerechnet sie auf die absurde Idee, eine Ausnahme von der Regel zu sein?

Unwillkürlich rutscht ihr Blick seitwärts zu dem Bild, »ihrem« Bild, hinüber. Das war der Mann, dem diese letzte Liebe gegolten hatte, sonst hätte sich das Mädchen doch gewiß nicht entführen und in ein fremdes Land bringen lassen.

Wie von dem Porträt angezogen, tritt sie näher heran, und wie immer ist ihr, als könne es im nächsten Moment lebendig werden, als verbinde sie etwas mit ihm, etwas Unerklärliches, ja als erwarte, erhoffe sie etwas von ihm. Aber was?

Einen Atemzug lang steht sie so, starrt es an, dann wendet sie sich jäh ab – Blödsinn! Romantisch mag sie sein, verrückt nicht! – und geht, nein, läuft fast aus dem Zimmer und draußen auf dem Treppenabsatz dem Baron Ferdi in die Arme. Er steckt in einem langen blauen, an den Hüften sich flügelartig spreizenden Rock, blauem Gilet, blauen Hosen bis zum Knie, die mageren Waden in seidenen knallroten Strümpfen, und sieht wie ein in einen Zuber Waschblau gefallener Storch aus.

Sie lacht – wer würde bei diesem Anblick nicht lachen? – und sagt's ihm. Er sieht leicht betreten an sich herunter.

»Es war das einzige, was mir paßte und bis auf ein Loch in der Hose, das man nicht sieht, einigermaßen in Ordnung war. Unsere Altvorderen müssen Zwerge oder wahre Fettwänste gewesen sein.«

»Mach dir nichts draus«, erwidert sie, schon ein paar Stufen tiefer. »Für den lieben Hubert reicht's allemal. Adel bleibt Adel, auch mit einem Loch in der Hose!«

»Wo willst du denn hin?« ruft er ihr nach.

»Zum Forsthaus rüber, ins Restaurant, mal nachsehen, wie's mit dem Imbiß steht. Man tut ja schließlich seine Pflicht!«

Als sie nach gut zwei Stunden Pflichterfüllung wieder zurückkehrt, wird es zum endgültigen Umziehen langsam Zeit. Die kleine Festivität ist früh angesetzt worden, weil Frau von Hardekopf, die Gattin des Regierungspräsidenten und gegenwärtigen Haupts der Familie, aus Gesundheitsgründen vom späten Zubettgehen nichts hält, und Hubert wird sicher noch früher kommen, um keinen Augenblick des über sein Lebens- und Liebesglück entscheidenden Ereignisses zu versäumen.
So ist es denn auch. Teresa hat sich schon in ihr rosa Prachtstück gezwängt, und Anna ist eben

dabei, sie um der historischen Echtheit willen nach dem Vorbild jenes in der Halle hängenden Teresa-Porträts zu frisieren, als sie durch das offene Fenster ein Auto stürmisch in den Schloßhof einfahren hört. Gleich darauf knallt ein Wagenschlag – bei Hubert knallt der Wagenschlag immer, weil er Schüchternheit verstecken will –, und seine Stimme läßt sich vernehmen.

Teresa seufzt. Diese keineswegs unsympathische, nur ein bißchen nölige Stimme wird sie nun ihr Leben lang hören, doch kommandieren wird diese Stimme es wenigstens nicht. Das Kommando, das steht ein für allemal fest, wird sie übernehmen, und dieser Entschluß läßt ihr die Zukunft ein bißchen rosiger erscheinen.

Zehn Minuten später hat Anna ihr kunstvolles Werk beendet, und Hubert kann's nicht mehr erwarten, in Erscheinung zu treten. Von Vetter Ferdi hat er schon leicht beschönigend vernommen, daß Teresa dem Verlöbnis mit ihm freudig entgegenharrt, und so stürmt er in seinem rotsamtenen Galahabit, das er sich nach historischem Muster eigens für die Gelegenheit hat anmessen lassen, in ihr Wohngemach, um die so lange Umworbene im Überschwang seiner Gefühle in die Arme zu schließen. Nur gelingt's ihm nicht gleich, sie zu entdecken, weil sich ihm vor lauter Aufregung die Brille vor seinen kurzsichtig blinzelnden Augen beschlägt und er sie in aller Eile erst mit einem Zipfel seines Spitzenjabots putzen muß. Dann ist er endlich zur Umarmung bereit, doch bevor er sich seines neuen Glücks so recht freuen kann, geschieht, fürs erste von ihm unbemerkt, hinter seinem Rücken etwas höchst Unerwartetes.

Ein Mann in braunem, hochgeknöpftem Jagdrock, ähnlich dem, den Jakob bei seinen Führungen trägt, erscheint in der Tür ihres Schlafzimmers und wurzelt angesichts der sich ihm bietenden Szene im gleichen Moment auf der Schwelle fest, in dem auch Teresa in Huberts Armen erstarrt, weil sie das Gesicht des Mannes erkennt: das gleiche Gesicht, wenn auch ohne weiße Perücke, das ihr sonst aus Bouchers Porträt entgegenblickt.

Hubert hat in glückseligem Schwelgen nichts bemerkt. Er merkt erst was, als eine rauhe Hand ihn von Teresa zurückreißt und eine barsche Stimme sagt:

»Ihr werdet mir Genugtuung geben, Monsieur, und das auf der Stelle! Das heißt ...«

Der Unbekannte fängt die in Ohnmacht sinkende Teresa eben noch rechtzeitig auf, hebt sie in seine Arme und fährt fort:

»Das heißt, sobald sich die Gräfin wieder erholt hat. Wählt inzwischen die Waffe, Degen oder Pistole nach Eurem Belieben!«

Einen Moment später schließt sich hinter ihm und Teresa die Tür. Aus allen Himmeln gerissen, starrt Hubert ihnen versteinert nach …

Zweites Kapitel

Es gibt Dinge, die es nicht gibt, die es einfach nicht geben kann, weil sie völlig unmöglich sind. Zum Beispiel, daß ein vor langer Zeit gemaltes Porträt lebendig wird und der, den es darstellt, einem unversehens leibhaftig entgegentritt, obwohl er seit ewigen Zeiten tot ist. Zwar weiß man in diesem speziellen Fall nichts Verläßliches über Tag und Ort seines Verscheidens, aber daß er, wenn auch unter unaufgeklärten Umständen, verschieden ist, läßt sich nicht bezweifeln. Und dennoch, wie gesagt, tritt er einem in bestens erhaltener Leiblichkeit entgegen.

Selbst für einen kräftigen Mann wäre solche Begegnung starker Tobak, wieviel mehr also für eine junge Frau, deren empfindsames Innenleben ohnehin durch eine folgenschwere Entscheidung durcheinandergeraten ist. Kein

Wunder demnach, daß Huberts Gesicht sich ihr wie in dichten Nebel entrückt, als Teresa den Mann in der Tür erblickt, daß sie seine Stimme nur noch wie aus weiter Ferne vernimmt, plötzlich übertönt von einer anderen, nie gehörten und doch seltsam vertrauten, die da sagt:

»Ihr werdet mir Genugtuung geben, Monsieur ...«

Und dann ist jählings nichts mehr da, weder Gesichter noch Stimmen, nur Dunkel ist um sie und bodenloses Versinken. Das heißt, bodenlos kommt's ihr nur vor, denn sie wird ja von starken Armen aufgefangen, in ihr Schlafzimmer getragen, auf ihr Bett gelegt. Als sie gleich darauf aus ihrer Abwesenheit wieder erwacht, findet sie jenes Gesicht, nur strenger als auf dem Bild, nicht mit ruhigen, sondern zornigen Augen über sich geneigt, und die Stimme sagt:

»Ich erwarte eine Erklärung, Madame!«

»Eine Erklärung?« haucht sie benommen. Wenn jemand einer Erklärung für dieses rätselhafte Geschehen bedarf, dann doch wohl sie.

»Ja.« Es peitscht ihr Ohr. »Für die zärtliche Szene, die ich durch mein Erscheinen eben störte. Oder findet Ihr selbstverständlich, daß ich Euch in den Armen eines Fremden entdekken muß, kaum daß ich Euch den Rücken wende? Und das noch an unserem Hochzeitstag?«

Teresa staunt. Jedes Wort, das er spricht, ist

klar und verständlich, und doch verweigert sich das Ganze ihrem Verstehen. Was will der Mann? Welches Recht hat er, eine Erklärung zu fordern, daß sie mit Hubert …? Was ist das für ein Hochzeitstag? Und wer ist er überhaupt? Eine Frage, die sich trotz verblüffender Ähnlichkeit zwingend ergibt, denn der, dem er so ähnlich sieht, der kann er aus gutem Grunde nicht sein, und niemand dächte mehr an ihn, wenn es dieses Porträt und die geheime Verbindung zwischen ihm und ihr nicht gäbe. Diese Verbindung, die sie zuweilen bis in ihre nächtlichen Träume verfolgt. Oder – und unter seinem verwirrenden, forschenden Blick wird ihr wie schwindlig zumute, so daß sie die Augen schließen muß – sollten wirklich noch Wunder geschehen? Konnte Unmögliches möglich werden? Denn nur wenn er's wäre, der, dem er so täuschend ähnlich sieht, und sie für die Teresa von damals hielte, bekäme das, was er sagte, Sinn.

»Ich warte noch immer!« schreckt seine Stimme sie auf. Sie öffnet weit die Augen, um nichts von dem Unmöglichen zu übersehen, falls es das Unmögliche ist, und fragt tapfer:

»Sind Sie etwa Kasimir?«

»Wer sonst? Was soll die Frage? Ihr solltet mich kennen!«

Wie vor einem Sprung in kaltes Wasser holt sie tief Luft.

»Nur von einem Bild.«

»Nur von einem Bild?«

Was soll das nun wieder? Harsches will ihm über die Lippen, doch sie kommt ihm zuvor:

»Weil ich nämlich nicht die Teresa bin, die Sie meinen, falls Sie wirklich Kasimir sind. Das war meine Urururururgroßmutter.«

»Eure Ururur ...?«

Sprachlos starrt er sie an. Er ist manches von ihr gewöhnt. Abgesehen vom Liebesfrühling der ersten paar Jahre ist die Ehe mit ihr weiß Gott kein reines Zuckerlecken gewesen. Eher ein aufregendes Duell mit Eifersucht, Streit und erneuten Liebesschwüren nach Stunden aufflammender Leidenschaft. Die Farfano-Cavallazzi sind ein stolzes Geschlecht. Arroganz liegt ihr im blauen Blut, und selbst den frommen Klosterschwestern war es nicht gelungen, ihr eigenwilliges Temperament zu zähmen. Aber dies geht nun doch ein bißchen zu weit. Sozusagen in flagranti ertappt, so zu tun, als sei sie nicht sie, sondern eine andere, und dabei ein Kleid am Leibe zu haben, das er nur zu gut kennt, weil er selbst es von seiner letzten Reise aus Paris für sie mitgebracht hat.

Die Entdeckung läßt ihn endlich wieder Worte finden.

»Und dieses Kleid?« fragt er hohnvoll. »Gehört das auch Eurer Urururururgroßmutter?«

»Gewiß«, erwidert sie ohne Zögern. »Fassen

Sie es nicht so grob an, sonst werden Sie's noch zerreissen. Der Stoff ist in all der Zeit reichlich mürbe geworden.«

Sie hat recht, bei genauerer Musterung zeigt sich's, und noch ein Weiteres läßt mählich Zweifel in ihm keimen. Mit Teresa, der seinen, wäre ihr Disput längst hitzig aufgeflammt, schössen die dunklen Augen längst Blitze, während diese hier, im Blick noch eine Spur verwunderten Fragens und schon eine klitzekleine Winzigkeit Lächeln, ruhig und willig Antwort gibt.

Ein seltsames Gefühl von Unwirklichkeit beschleicht ihn, als er auf dieses Gesicht hinuntersieht, das Teresas Gesicht ist und doch, wie's nun scheinen will, ein anderes, nicht äußerlich, von innen her, und um dieser Unwirklichkeit zu entgehen, wendet er, der bisher nur Augen für sie gehabt hat, den Blick in die vertraute Wirklichkeit des ihn umgebenden Raums, seines Schlafgemachs. Und dabei entdeckt er verwirrt und verblüfft, was sich da alles verändert hat.

Außer dem Bett steht nur der schwere eichene Schrank unverrückbar noch immer da, wo er stand, aber die Jagdtrophäen an den Wänden fehlen, dafür hängt da ein zierlich goldgerahmter, von zwei prozellanenen Leuchtern mit merkwürdigen gläsernen Kerzen flankierter Spiegel, und das mit allerlei weiblichem Krimskrams beladene Toilettentischchen darunter nimmt sich so fremd für ihn hier aus, daß sein Blick verdutzt an ihm kleben bleibt, bevor er zum nun überraschend weißgekachelten Kamin weiterstolpert, der so unbenützt aussieht, als hätte nie ein Feuer in ihm gebrannt. Zu guter Letzt jedoch tut sein beklommenes Herz noch einen frohen Schlag: Auf dem Kaminsims liegt etwas, das er wiedererkennt – sein altes Pulverhorn, aus einem Kuhhorn verfertigt, mit einer Jagdszene geschmückt und einem Spruch dazu versehen, der ihm, obwohl er von seinem Platz nicht zu lesen ist, spontan über die Lippen springt:

»Ein Jäger unverdrossen, hat manches Wild genossen.«

Es ist wie eine Bestätigung, daß er noch er selbst und kein anderer ist und sich nicht wie dieses Zimmer, wie diese andere Teresa auf dem Bett auf rätselhafte Weise verwandelt hat. Nein, er ist er, und nur die Welt um ihn herum muß sich irgendwie verändert haben, und um die letzten Zweifel zu beheben, springt er hastig auf, läuft zum Fenster, beugt sich über die meterbreite Fensterbank und sieht hinaus.

Der erste Moment beruhigt. Sein Blick verfängt sich im schon üppigen Gelaub der Linde, und die war, wenn auch weniger üppig, schon immer da. Doch dann zieht es seinen Blick seitwärts, und was dort gleichfalls immer gewesen ist, die graue Fassade des Gesindeflügels mit den beiden Stalltoren im Untergeschoß, hat sich in einen traurigen Trümmerhaufen verwandelt, dessen mit Gestrüpp und angewehtem Unkraut überwucherter Zustand erweist, daß er unmöglich vor kurzem, geschweige denn in den letzten drei oder vier Stunden entstanden sein kann.

Er starrt ihn fassungslos an, dann wendet er sich ins Zimmer zurück:

»Wann ist das passiert?«

Die Wahrheit ist nun endgültig nicht mehr aufzuhalten. Sie muß heraus.

»Vor zweihundertvierzig Jahren beim Aufstand der Bauern. Es steht in der Chronik. Am selben Tag, an dem Sie spurlos verschwunden sind.«

Kasimir hat fürs erste nur die Zahl vernommen. Es ist ein Schlag, der erst verdaut sein will, bevor das Weitere, der Bauernaufstand und das spurlose Verschwinden, ins Bewußtsein nachrücken kann. Und durch dieses Weitere wird unversehens eine ferne Erinnerung wach, die ihm Schrittchen für Schrittchen durchs Dunkel tappen hilft. Hat ihn der Burgvogt damals – wann eigentlich? Wann war das gewesen? – nicht vor der Unruhe unter den Bauern gewarnt, und hat er die Warnung nicht in den Wind geschlagen, weil er eben dabei war, ein gewisses, höchst interessantes Experiment in der geheimen Kammer unten zu beenden? Danach schläfrig geworden, hatte er sich dort ein bißchen aufs Ohr gelegt, und darüber müssen nicht nur Stunden, wie er noch eben gedacht, sondern Wochen, nein, Jahre, unvorstellbar viele Jahre vergangen sein.

»Einen Spiegel!« ruft er heiser. »Schnell einen Spiegel!«

Und stürzt schon zu dem goldgerahmten Fremdkörper an der Wand. Und was er da sieht, versetzt ihm einen zweiten Schlag! Nichts, aber auch nichts hat sich in seinen Zügen verändert, kein Zeichen des Alterns ist zu entdekken, als sei kein Tag vergangen, seitdem Hieronimus und er in der Kammer unten ein Pröbchen des in der Phiole verbliebenen graugelblichen Pulvers schluckten. Wo ist nun die Wahrheit? In diesem unveränderten, jungen Gesicht oder in dem überwucherten Trümmerhaufen da draußen, dieser Urur-Teresa, diesem so seltsam veränderten Raum? In beiden etwa? Dann … dann muß er oder vielmehr Hieronimus die materia prima, müssen sie den, nein, einen Weg zum Geheimnis ewiger Jugend gefunden haben!

Es ist wie ein Taumel, was ihn da packt, nur einen Moment, dann ist ihm wieder stabil zumute, steht er wieder fest auf den Beinen, äußerlich wie innerlich. Denn nun fügt sich alles in eine Ordnung. Das Unerklärliche ist erklärlich geworden, das Dunkel um all die Veränderungen hat sich gelichtet. Und so wendet er sich Teresa zu und bemerkt, als sei es das Selbstverständlichste von der Welt:

»Dann bin ich also wirklich so etwas ähnliches wie Euer Urururundsoweitergroßvater.«

»So etwas ähnliches«, stimmt Teresa zu, doch dann weckt das unvorstellbar Groteske, dem Augenschein so lächerlich Widersprechende dessen, was er da sagt, ihren Sinn für die Komik des Moments, so daß sie hellauf lachen muß. Und mit diesem Lachen, in das er, ein wenig überrascht, schließlich doch einstimmt, verfliegt auch für sie der letzte Rest des Traumhaft-Unwirklichen, und nur das Wirkliche, wenn auch noch immer absolut Unglaubliche, Geheimnisumwitterte bleibt ...

Drittes Kapitel

Vetter Ferdi ist der erste, dem der merkwürdige Vorfall zu Ohren kommt. Er empfängt gerade in bester Stimmung unten im Vestibül ein paar eben angelangte Gäste, als er sich hinterrücks heftig am Rock gezupft fühlt und in dem Störenfried den ganz und gar nicht nach glückstrahlendem Verlobungskandidaten aussehenden Hubert entdeckt.

Bevor er sich noch recht bei den Gästen entschuldigen kann, zerrt Hubert ihn schon beiseite in einen Winkel, wo er ihm brühheiß auftischt, was eben im Wohnzimmer oben passiert ist.

Ferdinand starrt ihn ungläubig an.

»Sie machen Witze, Hubert!« argwöhnt er, obwohl der Störer nicht nach Witzen aussieht. »Nein? Hm, seltsam. Hat dieser ... dieser Typ sie wirklich auf Pistolen gefordert?«

Auf Pistolen oder nicht ist Hubert schnurzegal.

Jedenfalls ist der Mensch im ungeeignetsten Moment von irgendwoher aufgetaucht, als er sich eben am Ziel seiner Wünsche wähnte, und hat ihm die versprochene Verlobte entführt.
Er fühlt sich berechtigt, sofortige Aufklärung zu fordern, und der, der dafür zuständig ist, ist Ferdinand.

»Warum haben Sie sich nicht gleich zur Wehr gesetzt?« hakt der noch einmal nach.
Hubert zuckt bedrückt die Schultern. Er ist nun mal eine sanfte Natur, außerdem ist seine gute Erziehung dagegen. Unfeinen handgreiflichen Eventualitäten fühlt er sich trotz »Wie werde ich energisch«-Training und entsprechendem Auftreten nun einmal nicht gewachsen.
Vetter Ferdi sucht im Unerklärlichen nach einer Erklärung. Er ist durch und durch Realist und weiß, daß es eine geben muß. Für alles gibt es eine Erklärung. Vielleicht war da ein Witzbold im Spiel, ein alter Familienfreund, dessen Kommen er übersehen und der sich einen unpassenden Scherz erlaubt hat.

»Sind Sie dem Mann nicht schon mal bei uns begegnet?« forscht er hoffnungsvoll.
Hubert schüttelt den Kopf.

»Nein, nie ... das heißt –«, sein Blick verschwimmt hinter den Brillengläsern in leiser Unsicherheit, »– vielleicht doch. Irgendwie ... ja, irgendwie kam er mir bekannt vor. Aber woher ...?«

Er zupft ratlos am blonden Bartgekräusel um Kinn und Wangen, das seinem braven Durchschnittsgesicht ein bißchen männliche Kontur verleihen soll. Er täte Ferdinand gern den Gefallen, aber er kann leider nicht. In solcher Lage gibt es nur eins: sich an Ort und Stelle zu begeben und der Sache auf den Grund zu gehen. Ferdi verweist die Gäste einstweilen auf die in der Halle aufgebaute und von Jakob in Galalivree und mit frisch gezogenem Scheitel würdig betreute Bar und macht sich mit Hubert auf den Weg.

Doch schon beim Treppensteigen beschleichen ihn den anfänglichen Vorwärtsdrang hemmende Gedanken. Irgend etwas gefällt ihm an der Geschichte nicht, die ihm Hubert erzählt hat. Der gute Junge hat offenbar keinen Sinn für Humor und muß den allerdings reichlich albernen Scherz in die falsche Kehle bekommen haben. Wäre es so, ließe sich nichts an der Sache finden. Ohnmachtsanfälle kommen gelegentlich auch bei den besten Verlobungen vor, und über den Geschmack bei Scherzen läßt sich bekanntlich streiten. Was aber, wenn es kein harmloser Freund der Familie, sondern ein ... nun, ein spezieller Freund Teresas wäre?

Ferdis hemmende Besorgnisse entwickeln sich angesichts der kurzen Entfernung bis zur Schlafzimmertür in Windeseile. Was weiß er überhaupt von Teresa, außer daß sie ein über-

aus reizvolles Mädchen mit allerlei verrückten, romantischen Ideen ist? Nichts oder so gut wie nichts, jedenfalls nichts Einschlägiges über Bekannte und Freunde. Hat sie welche? Ein so reizvolles Mädchen muß Freunde haben! Man kann mit solchen Augen und solcher Figur nicht zwanzig und ein bißchen drüber werden, ohne von verbotenen Früchten genascht zu haben. Führt sie gar ein Doppelleben, nach außen für die Familie etepetete, während es im Verborgenen jemanden gibt, mit dem sie ... der mit ihr – er räuspert sich über unerwünschte Visionen hinweg –, und der nun unversehens und höchst unpassend aufgetaucht ist?
Sein Schritt verlangsamt sich beträchtlich, so daß Hubert ihn ungeduldig fragt:

»Was ist? Wir gehen doch rein?«

Es wäre das Einfachste, wenn das Einfache nur immer so einfach wäre. Vor kurzem wäre es noch einfach gewesen, nun stolpert Ferdi über seine inzwischen ins Kraut geschossenen Bedenken. Schließlich geht es um Wichtiges, um Teresas Verlobung und die Rettung des Familienbesitzes, und wenn sich da drinnen wirklich ein unerwünschter Besucher befände, könnte sich eine äußerst heikle Situation mit katastrophalen Folgen ergeben.
Wie zur Bestätigung schlimmster Befürchtungen vernimmt er plötzlich, durch dicke Mauern und die solide Tür gedämpft, aus dem Schlaf-

zimmer ein helles Lachen, unzweifelhaft Teresas Lachen. Ein rascher Seitwärtsblick belehrt ihn, daß Hubert es überhört oder dem aus der Halle heraufdringenden fröhlichen Stimmengewirr zugerechnet haben muß. Verdacht hat er jedenfalls nicht geschöpft. Dafür hat sich Ferdis Verdacht beklemmend verdichtet.
Mit dem Einfachsten ist es also nichts. Zunächst muß Zeit gewonnen werden, und Hubert aus der Gefahrenzone verschwinden. Teresa weiß, wer und was sie in der Halle erwartet, welche Verantwortung sie trägt, und wird ohnehin bald folgen.
Ferdi ist um Ausreden jeder Art selten verlegen. Das Dasein eines mit Ansprüchen, aber nicht mit den nötigen Mitteln zu deren Befriedigung gesegneten jungen Mannes erzieht zu geistiger Regsamkeit in dieser Beziehung, doch so kurz vor der Tür kann nur noch ein genialer Einfall helfen.
Er braucht ihn nicht. Statt des Genieblitzes kommt ihm Anna, das Mädchen für alles, zu Hilfe. Aufgeregt erscheint sie in der Tür zum Treppenhaus hinter ihnen und meldet, der Herr Baron von Hardekopf mit Gemahlin und der Herr Vater des jungen Herrn – ein artiger Knicks in Huberts Richtung – seien soeben eingetroffen, und Jakob meine, da sonst noch kein Mitglied der Familie anwesend sei …

»Sollten wir zum Empfang schleunigst unten erscheinen«, ergänzt Ferdi, für feine Ohren hörbar erleichtert. »Und recht hat er. Der gute Jakob beweist wieder einmal beachtliches Stilgefühl.«

Damit nimmt er freundschaftlich Huberts Arm, zieht den Enttäuschten mit sich und sagt:

»Ihren Vater können wir unmöglich warten lassen, Hardekopf auch nicht. Er ist Regierungspräsident hier und zwar nur um drei oder vier Ecken mit uns verwandt, seit dem Tod des Grafen aber so etwas ähnliches wie das Haupt der Familie. Und Teresa kommt sowieso hinterher, sobald sie sich von dem albernen Scherz erholt hat.«

Den Herrn im Schlafzimmer läßt er unerwähnt, und überdies geht's schon flott die Treppe hinunter, dem Geplauder der Gäste in der Halle entgegen ...

Doch Teresa kommt allem Erwarten zuwider nicht hinterher. Nach zehn Minuten beginnt es langsam aufzufallen. Immerhin ist man zu einer Verlobung erschienen, zu der für gewöhnlich zwei gehören, die strahlend Glückwünsche entgegenzunehmen und Frohsinn zu verbreiten haben. Man hat sozusagen Anspruch darauf. Hier hingegen ist vorläufig nur der männliche Teil des Pärchens vertreten, der, obwohl um Frohsinn bemüht, sobald man ihn aus den Fingern läßt unruhige Blicke treppaufwärts wirft und zwischendurch mit Vetter Ferdi flü-

stert, der seinerseits Unbestimmtes über eine kleine, zweifellos durch freudige Erregung verursachte Unpäßlichkeit verlautet, von der sich Teresa nur noch ein wenig erhole.
Nach weiteren zehn Minuten jedoch läßt die Wirkung seiner Beruhigungspillen nach, das Geplauder der Gäste versickert mählich, immer häufiger richten sich Blicke besorgt und fragend nach oben, wo von Teresa nach wie vor nichts zu sehen ist, und selbst dem aufmunternden Knall der Sektpfropfen, die Jakob auf Ferdis Geheiß ganz gegen sein Stilgefühl unvornehm lautstark springen läßt – nur Sekt, nicht der bestellte Champagner, wie Ferdi trotz seiner Bedrängnis mißbilligend vermerkt –, gelingt es nicht mehr, die Stimmung zu heben.
Statt dessen hebt Frau von Hardekopf ihre von historischer Gewandung beängstigend straff umspannte Fülle aus ihrem Sessel und erklärt energisch, es sei nun wohl an der Zeit, nach dem armen Kind zu sehen, dessen Zustand offenbar doch ein wenig ernster sein müsse, als es der liebe Vetter behaupte. Den sich zur Begleitung drängenden Hubert lehnt sie ab. Er sei ja noch nicht einmal verlobt, und allenfalls dem Verlobten, wenn nicht gar erst dem Ehemann sei das Betreten des Schlafgemachs einer Dame gestattet.
Also begibt sie sich, nur von Anna als eventuell benötigter Helferin gefolgt, würdig nach oben,

und unten macht man sich auf einige Minuten, höchstens eine Viertelstunde geduldigen Wartens gefaßt, aber dazu kommt es erst gar nicht. Denn schon nach wenigen Sekunden erscheint sie höchst aufgeregt und um Beträchtliches weniger würdig auf dem Treppenabsatz, muß sich auf's Geländer stützen und ruft schrill in die Halle hinab:

»Ich kann Teresa nirgends finden! Sie ist nicht da!«

Es ist, wie sie sagt. Trotz hektisch ausbrechender Suchaktion, die sich, von Ferdi und Hubert angeführt, vom Schlafzimmer überflüssigerweise auch noch auf die oberen Stockwerke mit den einstigen Fürsten- und Gästezimmern, ja bis zum Turm-Auslug und den Domestikenkammern im Dachgeschoß ausdehnt, ist keine Spur von Teresa zu finden, und die Nachforschungen wenden sich von neuem verstärkt dem Schlafzimmer zu, obwohl man sich dort allenfalls im Schrank oder unter dem Bett versteckt halten kann. Nur die rote Nelke, die sie sich wie die Teresa unten auf dem Porträt ins Haar gesteckt hat, ist auf dem Bett zurückgeblieben, dessen zerdrückte Decke beweist, daß sie auf ihm gelegen hat. Aber das ist auch alles, und da sie oben nicht auffindbar ist, muß sie nach unten verschwunden sein, was wiederum unmöglich ist, weil es nur einen Ausgang aus dem Schlafzimmer, den ins Wohnzimmer, gibt. Doch es stellt sich heraus, daß noch ein zweiter, selten benutzter, existiert: eine kleine, durch einen Vorhang verdeckte Tür im Hintergrund, durch die man auf eine schmale, direkt in den Hof hinunterführende Wendeltreppe gelangt, deren Pförtchen jedoch ständig verschlossen ist. Ständig, nun ja, aber jedenfalls nicht heute, nicht jetzt, wie Hubert nach Prüfung aufgeregt meldet, und Anna gesteht verlegen, daß sie heute morgen die Bettwäsche gewechselt, die gebrauchte auf kürzestem Wege ins Waschhaus gebracht und danach wohl in der Eile vergessen habe, das Pförtchen wieder zu schließen.

Der Fall liegt also klar: Da von Teresa nichts zu entdecken ist, muß sie über die Wendeltreppe verschwunden sein, und das an ihrem Verlobungstag. Warum?

Die Frage ist schwerwiegend genug, um im Wohnzimmer zu einem Familienrat zusammenzutreten, nachdem man zuvor die nicht zur Familie gehörenden Gäste vorläufig an Jakobs Bar verwiesen hat.

Die Runde ist klein, einschließlich Vater und Sohn Hunziger, die eigentlich noch nicht ganz dazugehören, und der Baronin Knitzewitz, Ferdis inzwischen eingetroffener Mutter, sind es sechs, die sich unter Hardekopfs gewichtigem Vorsitz um den Wohnzimmertisch versammeln und bis auf Ferdi leicht verstört Huberts Bericht über seine letzte Begegnung mit Teresa lauschen.

Die Sache erweist sich als rätselhaft. Die Forderung auf Degen oder Pistole erscheint auch ihnen zu absurd, um anderes als den unangebrachten Scherz eines Hausfreundes zu vermuten. Andererseits, folgert der schon von Amts wegen zu umfassenderer Einsicht verpflichtete Hardekopf, sei der Anblick eines solchen gewiß kein Grund, in Ohnmacht zu fallen, woraus wiederum klar ersichtlich sei, daß es sich um keinen Scherz gehandelt habe und der Eindringling ein Unbekannter gewesen sein müsse. In diesem Fall aber seien dem Mann kriminelle Absichten zu unterstellen, denn warum sollte er sonst ...?

Blasses Schweigen breitet sich über die Runde, und der einzige, der Hardekopfs Logik widerlegen könnte, Ferdi nämlich, der Teresa ganz unkriminell hat lachen hören, zieht es vor, dieses Faktum lieber für sich zu behalten, weil er sonst auch bekennen müßte, welch peinlicher Verdacht ihn abhielt, in jenem Moment das Schlafzimmer zu betreten. Außerdem ist er sich der Sache auch selbst nicht mehr so ganz sicher, wohingegen die Ohnmacht nicht zu bestreiten ist.

Ob er den Mann beschreiben könne, wendet Hardekopf sich an Hubert.

Hubert kann, doch wie es mit in Schrecksekunden gemachten Beobachtungen so geht, könnte die Beschreibung ziemlich auf jeden passen. Für einen ordentlichen Steckbrief ist sie nicht zu gebrauchen. Erst Huberts zögernd vorgebrachte Bemerkung, daß er zwar nicht sicher sei, jedoch glaube, den Menschen schon einmal gesehen zu haben, verleiht Hardekopfs kriminalistischen Spekulationen neuen Schwung.

»Wo?« fragt er und sieht mit seiner langen Nase und den mageren, faltigen Wangen unversehens einem noblen Jagdhund auf frischer Fährte ähnlich.

Hubert zuckt wiedermal verlegen die Schultern. Wo, wie soll er das wissen, aber wenn, dann muß es erst kürzlich gewesen sein.

»Aha!« Man spürt's, bei Hardekopf hat es gefunkt. »Kürzlich, das heißt also hier. Hier in der Stadt vielleicht oder gar in der näheren Umgebung des Schloßes, gar der Familie?«

Er hat sich über den Tisch gebeugt, die Frage kommt wie aus der Pistole geschossen.

Hubert nickt. Er hat keinen blassen Schimmer, aber es muß wohl so sein.

Der Regierungspräsident richtet sich wieder auf und verkneift sich ein befriedigtes Lächeln. Für einen im Behördendienst geschulten Verstand gibt es eben kein unlösbar scheinendes Rätsel.

»Wie ich mir's dachte«, fährt er fort. »Ein Mann, der sich seit Tagen hier in der Gegend herumtrieb, um eine günstige Gelegenheit zur Entführung Teresas zu finden. Vermutlich derselbe, der vor zwei Monaten in Berleburg die Tochter des Fabrikanten entführte und unentdeckt ein Lösegeld von der Familie kassierte.«

Das Lösegeld entlockt Frau von Knitzewitz in Gedanken an ihren mageren Wirtschaftsetat ein verschrecktes »O Gott!« und ermuntert den Realisten Ferdi zu einem Einwand.

Wenn der Mann, so argumentiert er, Logik gegen Logik setzend, ein paar Tage in der Gegend herumgehorcht habe, müsse er auch von der allseits bekannten finanziellen Situation der Familie und der Unmöglichkeit vernommen haben, von ihr ein lohnendes Lösegeld zu erpressen.

»Und die Verlobung?« Hardekopf wischt überlegen den Einwand beiseite. »Sie unterschätzen den Mann, mein lieber Junge. Von der und der finanziellen Situation des Verlobten hat er zweifellos auch gehört und den Tag der Verlobung in der Erwartung gewählt, daß der letztere zu jedem Opfer bereit sein würde, um sich die Erfüllung seines Herzenswunsches zu erkaufen.« Mitfühlend nickt er Hubert zu. »Womit er sicherlich recht haben dürfte.«

Hubert drängt freudige Zustimmung über die

Lippen, doch ein Blick auf Papa Hunzigers säuerliche Miene läßt ihn jäh verstummen.

»Lassen wir erst einmal die Polizei ihres Amtes walten«, äußert der wenig entgegenkommend. »Alles weitere wird sich finden.«

Der Regierungspräsident fühlt sich nicht zu Unrecht am Portepee gepackt.

»Richtig!« erklärt er und erhebt sich straff. »Das Wichtigste, die Behörde, zuerst, alles andere später. Ich werde sofort unseren Polizeipräsidenten verständigen und die Nachforschungen in die Wege leiten lassen. Der Familienrat ist hiermit aufgehoben.«

Er ist mit zielstrebigen Schritten schon halb aus der Tür, als ihn Huberts aufgeregt überschnappende Stimme auf die Schwelle nagelt:

»Der da ...das ist der Mann! Ich bin ganz sicher!«

Vom Papa um die heroische Bekundung seines Opferwillens gebracht, ist er beschämt den Blicken der anderen ausgewichen, und dabei ist sein eigener an Bouchers Porträt an der Wand ihm gegenüber hängengeblieben. So oft er es bisher gesehen hat, zum erstenmal sieht er's nun richtig, und da gibt's für ihn keinen Zweifel mehr, trotz der weißen Perücke.

»Der da war's!« ruft er mit steif gerecktem Zeigefinger.

»Wer?« Hardekopf fragt's in das verdutzt sich breitende Schweigen.

»Der mich auf Pistolen gefordert und Teresa entführt hat!«
Der Blick des Familienoberhaupts folgt ungläubig dem weisenden Finger, dann kehrt er von der Schwelle zurück, tritt zu Hubert und packt ihn besorgt bei den Schultern.

»Beruhigen Sie sich erstmal, mein Lieber. Die Angelegenheit scheint Sie doch allzusehr mitgenommen zu haben. Der da kann's nämlich unmöglich gewesen sein.«

»Aber ja! Ich ... ich erkenne ihn doch!«

»Ausgeschlossen! Graf Kasimir Kabolski ist seit über zweihundert Jahren tot!«
Huberts wankende Knie vermögen ihn nicht mehr senkrecht zu halten, er sinkt auf den ihm von Ferdi noch rechtzeitig untergeschobenen Stuhl. Was hat der Mann da vor ihm gesagt? Seit über zweihundert Jahren tot? Dann ... ja, dann allerdings ... Einem Gespenst ist allenfalls zuzutrauen, jemand auf Pistolen zu fordern, aber gewiß nicht, ein lebendiges, wenn auch in Ohnmacht gefallenes Mädchen auf seinen Armen aus dem Zimmer zu tragen. Bei solchem Alter schon gar nicht ...

Viertes Kapitel

Was ist geschehen? Eigentlich nichts, nichts Ernstliches jedenfalls. Nur: In Kleinigkeiten ist Vergeßlichkeit zur Not noch als liebenswerte Zerstreutheit hinzunehmen. Man lächelt nachsichtig darüber, einem selbst ist derlei schließlich auch schon passiert. Doch einen schon halbwegs Verlobten samt den zur Verlobung geladenen Gästen einschließlich eines leibhaftigen Regierungspräsidenten und eines millionenschweren Konzernchefs total zu vergessen, das geht schlichtweg zu weit und ist ungehörig. Zumal Teresa in einem eben noch für die Familie erschwinglichen Nobelpensionat an den feudalen Ufern des Genfer Sees erzogen und mit den Bräuchen gesellschaftlichen Umgangs in feinsten Kreisen vertraut gemacht wurde. Und dennoch ... die Tatsache, daß es passiert ist, ist nicht zu leugnen.

Der Grund heißt natürlich Kasimir. Aus der

Traumgestalt ist zwar Wirklichkeit geworden, so viel steht fest, doch das Geheimnis um ihn ist geblieben, und ihr romantisches Herz, so wundergläubig es ist, verlangt danach, das Unbegreifliche zu begreifen. Wo hat dieser aus einem Traum herausgetretene Mann, der mehr als zweihundert Jahre spurlos verschwunden gewesen ist, während der ganzen Zeit gesteckt, und wie hat er es fertiggebracht, sich dabei auch noch unverändert jung zu erhalten?
Also fragt sie ihn, während im benachbarten Zimmer der von seinen Bedenken geplagte Ferdi und Hubert in seinem Gefolge eben den Rückzug antreten.
Er sieht ihre dunklen Augen erwartungsvoll auf sich gerichtet – braun sind sie, vom selben warmen, tiefen Ebenholzbraun wie die seiner Teresa, vom selben leicht mandelförmigen Schnitt, und wieder fließen ihm die Gesichter der beiden ineinander, so daß er kaum glauben kann, daß sie nicht ein und dieselbe sind.

»Verratet mir zuvor«, sagt er unvermittelt, »wer der junge Mann war, der Euch vorhin so hitzig umarmte.«
Der »Verlobte« will ihr nicht über die Lippen. Erstens ist er's noch nicht und zweitens ... Ein Hauch Röte färbt ihre Wangen.

»Der? Ach, ein Freund«, weicht sie aus. »Ein ... ein guter Freund.«

»So«, sagt er, und eine Spur in Anbetracht

der Umstände völlig alberner Eifersucht kommt ihn an. »Und warum seid Ihr in Ohnmacht gefallen?«

Diesmal ist kein Ausweichen nötig.

»Weil ich Sie erkannte, natürlich!«

»Erkannte?« Seine Augenbrauen wandern leicht erstaunt in die Stirn.

»Ja!« ruft sie eifrig. »Nach dem Porträt, das im Wohnzimmer hängt. Ich habe doch davon erzählt!«

»Ein Porträt von mir? Ah, ich erinnere mich! Das aus Paris.« Er läßt einen kurzen, nicht unbedingt heiteren Lacher hören. »Ich habe es malen lassen, um Teresa während meiner Abwesenheiten daran zu erinnern, mit wem sie verheiratet ist.«

»Hat sie Ihnen auch eins zum gelegentlichen Erinnern mitgegeben?«

»Das ist was anderes!« braust er auf. »Ein Mann ...!«

»Ich weiß«, unterbricht sie. »In diesem Punkt sind sich die Männer offensichtlich gleich geblieben.«

Er findet, es gäbe da noch manches zu sagen, und eine Frage brennt ihm besonders auf den Lippen, aber jetzt scheint's ihm nicht der rechte Moment.

»Ihr wolltet ja wissen, wo ich verschwunden war«, sagt er statt dessen. »Kommt also!« Und geht ihr zum eichenen Schrank voraus.

»Doch nicht etwa im Schrank?« entfährt's ihr.

»Nicht ›im‹ natürlich.« Er grient ein bißchen wie ein großer Junge. »Da wäre ich wohl kaum so lange ungestört geblieben. Nun, Ihr werdet gleich sehen.«
Damit beugt er sich, während sie ihm neugierig über die Schulter späht, in das geräumige Möbel, schafft sich mit beiden Armen Luft zwischen den hängenden Kleidern und macht sich an der hinteren Wand zu schaffen, die sich unversehens als erheblich weniger solide als die Vorderfront erweist, denn sie läßt sich ein Stück beiseite schieben und gibt eine dunkle, schmale, etwa mannshohe Öffnung dahinter preis.

»Eine Geheimtür!« flüstert sie aufgeregt.

»Ja. Sie führt zu einer versteckten Kammer, die ein Vorfahr während der Bauernkriege von eigens aus Genua hergeschafften italienischen Maurern hat anlegen lassen, um sich in aller Heimlichkeit eines Zufluchtsorts zu versichern, falls die Unruhen sich bis hierher ausbreiten würden. Ein vorsichtiger Mann. Übrigens«, dreht er sich halb zu ihr, »ist die Kammer bisher nur deshalb ein Geheimnis geblieben, weil es vom Vater nur dem ältesten Sohn anvertraut wurde. Ihr seid also das erste weibliche Wesen, das davon erfährt.«

»Keine Angst«, sagt sie. »Auch von mir

wird's niemand erfahren, obwohl wir längst keine Bauern mehr haben, die über uns herfallen würden. Die sitzen zufrieden auf eigenem Hof, denen geht's besser als uns! Höchstens als Versteck vor dem Gerichtsvollzieher könnten wir Ihre Kammer gebrauchen.«

»Gerichtsvollzieher? Wer ist das?«

»Der Mann, der unsere Schulden bei der Bank eintreiben will, wenn wir sie nicht bezahlen können.«

»Warum laßt Ihr ihn nicht mit Hunden vom Schloßhof jagen?«

»Weil er mit Polizisten wiederkäme und es uns schlecht bekommen würde.«

Ein mißtrauischer Blick bestätigt Kabolski, daß sie nicht scherzt.

»Mir scheint«, sagt er dann, »in der Welt ist inzwischen mehr in Trümmer gegangen als der Küchenflügel da draußen. Aber nun kommt.«

Er kriecht schon voraus in den Schrank und manövriert sich durch die schmale Öffnung.

»Wir werden eine Kerze brauchen«, sagt er von dort. »Man sieht hier nicht die Hand vor Augen.«

Für einen Moment entschwindet sie seinem Blick, scheint, soviel er hört, in einer Schublade zu kramen, taucht im nächsten wieder auf und reicht ihm, halb schon im Schrank, einen länglichen, metallisch schimmernden Gegenstand.

»Nehmen Sie lieber die Taschenlampe«, sagt

sie, und da er ratlos das Ding betrachtet: »Sie brauchen nur den Knopf zu verschieben.« Plötzlich füllt scharfe Helligkeit den engen, steinernen Treppenschacht, und er muß geblendet die Augen schließen.

»Eine Kerze wäre romantischer«, hört er sie sagen, »aber praktischer ist das.«
Dafür erweist sich ihre rosa Atlasrobe als höchst unpraktisch für das, was sie vorhat. Schon in der Schranktür verfangen sich die Reifen des Rocks, und durch die schmale Öffnung der Hinterwand sind sie nur mit Verrenkungen zu zwängen, die ihre schlanken Beine bis zu den halben Schenkeln enthüllen. Überdies reißt irgendwo der mürbe Stoff, doch was bedeutet schon ein bißchen Enthüllung und ein kleiner Verlust an historischer Eleganz, wenn es darum geht, ein – sein – Geheimnis kennenzulernen.
Schritt für Schritt folgt sie ihm vorsichtig die steilen Stufen hinunter, und dann steht sie unter der gewölbten Decke des Raums, von deren höchstem Punkt eine längst erloschene kupferne Lampe hängt. Den Kandelaber auf dem schweren, mit Folianten und altersfleckigen Manuskripten beladenen Tisch in der Mitte zieren Wachstropfengirlanden, nur ein kläglicher Kerzenstumpf brennt, den Kasimir beim Erwachen angezündet haben muß. Der dumpfe Ruch der Jahrhunderte, vermischt mit allerlei

seltsamen Düften, die sie nicht kennt, steigt ihr in die Nase, während ihr Blick über grob gezimmerte Regale mit gläsernen Ballons, Retorten, Phiolen und Flaschen gleitet. Und weil in all der Fremdheit ringsum nur der Mann neben ihr Schutz und Schirm verheißt, drängt sie sich unwillkürlich an ihn heran.

»Habt Ihr Angst?« fragt er spöttisch.

»Nein«, schwindelt sie. »Warum sollte ich auch? All das ist nur ein bißchen fremd, und ich wünschte, Ihr würdet es mir erklären.« Unbewußt hat sie sich in dieser Umgebung seiner altertümelnden Redeweise angepaßt. »Was ist das da, zum Beispiel?«

Der Strahl der Taschenlampe hebt einen halbhohen, stumpfen steinernen Kegel neben dem rußigen Kamin aus dem Dunkel.

»Das ist der Athanor, der Brennofen«, belehrt er. »In der gleichbleibenden Wärme seines äußeren Feuers wird die gemeine Materie in die materia prima verwandelt. Aber verlangt nicht von mir, daß ich Euch Dinge erkläre, deren Kenntnis jahrelanges Studium der hermetischen Wissenschaften erfordert. Das Ergebnis unseres Forschens war jedenfalls dies.«

Der Taschenlampenstrahl schwenkt zum Tisch zurück und läßt zwischen den Folianten ein mit graugelblichem Pulver halb gefülltes, mit einem Stöpsel fest verschlossenes, birnenförmiges Glasgefäß erkennen. »Davon habe ich ein Pröbchen gekostet – mit dem Erfolg, den Ihr kennt.«

Das ist die Erklärung für alles. Teresa wundert sich nicht einmal. In dieser von Geheimnis erfüllten Kulisse scheint alles möglich. Was sie sieht und hört, paßt nahtlos zu dem, was sie sich aus dem altertümlichen Deutsch der Familienchronik über gewisse Studien des eigentlich der Jurisprudenz bestimmten jungen Mannes mühselig zusammenbuchstabiert und was sie später von ihrem Vater über die merkwürdigen Umstände seines Verschwindens gehört hat. In der vom Weltgeschehen da oben so gründlich abgeschirmten Geheimkabuse hatte er also den Bauernsturm überdauert und in seiner materia prima, was das auch sein mochte, irgend etwas gefunden, was zwar in Schlaf versetzte, aber auf wundersame Weise lebendig und jung dazu erhielt. Denn irgendein Schwindel – eine verblüffende Ähnlichkeit, die gerissen genutzte Kenntnis der Familienhistorie – kann's ja nicht sein. Sie kennt diesen Kasimir zu genau, hat allzulange Zwiesprache mit ihm gehalten, um sich in diesem Punkt zu irren.

Jäh überkommt sie ein zärtlich-warmes Gefühl in Gedanken an die zahllosen Momente sehnsuchtsvoller Versenkung vor seinem Porträt. Seit eh und je ist er ihre große Liebe gewesen, ist es noch immer, nur ... daß dieser Kasimir jetzt aus dem Bild herausgetreten und Wirk-

lichkeit geworden ist, die erst erweisen muß, ob sie dem Geträumten gleicht.
Auch in dem nun wirklichen Kasimir hat sich einiges gelöst. In der letzten Stunde ist allerlei Verstörendes auf ihn eingestürmt – die Entdekkung, von seinem bisherigen Leben unwiderruflich getrennt und in eine Welt verschlagen zu sein, die er nicht kennt, und die Begegnung mit einer Teresa, die zwar nicht seine Teresa ist, deren Ähnlichkeit mit ihr ihn aber noch immer mit seinem früheren Dasein verbindet –, es ist nicht wenig, was es da zu verdauen gilt. Aber jetzt hat er's verdaut. Im Dämmerlicht der Kammer ist wieder Ruhe in ihn eingekehrt, und von der anderen Teresa neben ihm geht etwas aus, was ihn auf eine nur allzu vertraute Weise erregt.
Kasimir hat nie lange überlegt, er hat sich stets den Dingen, die ihn verlockten, gestellt. Damals, als er gegen den Willen seines Papas, der seine Zukunft in fürstlichen Diensten sah, von der Jurisprudenz abließ, um sich okkulten Studien zu widmen und nach dem Geheimnis ewiger Jugend zu forschen; auch als er, jäh entflammt, die andere Teresa aus dem Kloster entführte, dadurch die Racheschwüre der Farfano-Cavallazzi heraufbeschwor und sich zu eiliger Flucht aus Bologna genötigt sah. Und ebenso unbedenklich war er Stanislaus Leszczynski in den polnischen Thronfolgekrieg und später

dem unterlegenen Thronprätendenten als Adjutant an den französischen Hof nach Paris gefolgt. Es war jedesmal ein Abenteuer, ein neues Lebenskapitel gewesen, das er voller Erwartung aufschlug, neugierig, wie es wohl enden würde. Diesmal hatte das Schicksal es für ihn aufgeschlagen, ihm aber wenigstens gleich eine Führerin durch dieses unbekannte, neue Dasein mitgeliefert, die ihm gefiel und der auch er ganz offensichtlich nicht gleichgültig war. Man spürt dergleichen als Mann von Erfahrung. Doch war Genaueres noch zu erkunden, und er versucht's mit der Frage, die er vorhin schon hat stellen wollen:

»Wie kommt es, daß Ihr mich sofort erkanntet und daraufhin in Ohnmacht fielt? Habt Ihr das Porträt so oft und so genau betrachtet?«
In der vom matten Widerschein des abwärts gerichteten Lichtstrahls spärlich erhellten, kupplerischen Einsamkeit des Ortes wäre es ein leichtes gewesen, die Wahrheit zu bekennen, aber sie will ihr nicht über die Lippen, noch nicht. Noch ist ein Rest Fremdes zwischen ihnen, deshalb erwidert sie nur obenhin:

»Natürlich habe ich Euer Porträt häufig betrachtet. Wer wäre an seinen Vorfahren nicht interessiert?«

»An allen«, fragt er, »oder nur an diesem?«

»An allen«, will sie sagen, doch die fordernde Stille um sie herum ist stärker als sie, und aus ihr wächst das Verlangen, endlich mit dem Spielchen Schluß zu machen, sich an ihn zu lehnen, sich von seinen – sie spürt es deutlich – nur allzu bereiten Armen umfangen zu lassen; aber bevor es geschehen kann, durchbricht ganz Unerwartetes die Stille: ein röchelnder Schnarchlaut, als schrecke ein Schläfer aus tiefstem Schlummer bis dicht unter die Oberfläche hoch und versinke gleich wieder, und sie fährt erschrocken zusammen.

»O Gott? Was war das?«

Kasimir läßt die schon halb erhobenen Arme sinken.

»Hieronimus«, sagt er ergeben. »Den habe ich ja ganz vergessen.«

Und leuchtet mit der Taschenlampe zur anderen Seite der Kammer hinüber. Auf einem Strohsack liegt dort eine in eine Decke gewikkelte Gestalt, die sich beim Nähern als die eines alten Mannes erweist. Er hat die Decke bis an die Ohren hochgezogen. Teresa gewahrt nur grauweißliches Haargestrüpp, aus dem wie ein nackter Dolomitengipfel eine Hakennase ragt. Durch den Lichtstrahl belästigt, zucken die ledrigen Lider unter den buschigen Brauen ein wenig, doch sein schnurchelnder Atem bleibt regelmäßig. An Erwachen ist nicht zu denken.

»Mein Famulus und Diener«, erklärt Kasimir. »Mein Lehrer auch.«

Natürlich, sie erinnert sich aus der Chronik des

Namens. Er war zugleich mit Kasimir verschwunden.

»Er muß schon alt sein«, flüstert sie.

Kasimir nickt.

»Älter, als Ihr glaubt. Er könnte Euch von Kaiser Karl V. erzählen.«

»Wie ist das möglich?« Teresa kramt hastig in ihrer Bildung herum. Hatte dieser Kaiser nicht schon im 16. Jahrhundert regiert?

»Schon zu seiner Zeit hat er nach dem Geheimnis ewiger Jugend geforscht und entging den Folterknechten der Inquisition nur dank der schützenden Hand des Kaisers. Als er dann in Bologna zu mir kam, hatte er schon eine erste Reise durch die Zeit hinter sich und sein Geheimnis erst zur Hälfte ergründet. Er weihte mich ein, und wir glaubten, auch die andere gefunden zu haben, aber …«

Der Satz läuft in eine bedauernde Geste aus, und Teresas Fassung gerät bedenklich ins Wanken. Zeit ist bisher etwas Festes für sie gewesen. Ein Tag war ein Tag, ein Jahr war ein Jahr, ein Menschenleben war auf schwankende, aber übersichtliche Dauer begrenzt. Kasimirs wundersame Auferstehung hat sie als Sonderfall, als Ergebnis ihres heißen Wünschens noch hingenommen, aber nun scheint es sich ganz allgemein ins Grenzenlose zu dehnen und bringt die Weltordnung durcheinander. Schwindel ergreift sie, während sie auf die schlummernde

Gestalt hinunterstarrt und im Dunkel an sie geschmiegt etwas entdeckt, das offenbar vier Beine hat.

»Was ... was ist das?« stammelt sie.

Kasimir wird allmählich ungeduldig. Er war im besten Zuge gewesen, als Hieronimus ihm dazwischenschnarchte.

»Pluto, sein Hund«, gibt er unwillig Auskunft. »Er muß wohl etwas von dem verstreuten Pulver aufgeleckt haben. Aber lassen wir das endlich, die beiden werden zu ihrer Zeit schon erwachen. Kommen wir zu meiner Frage zurück. Interessierten Euch alle Vorfahren oder nur dieser?«

Seltsam, eben ist sie noch zu der Antwort, die er hören wollte, bereit gewesen, jetzt scheint es ihr unversehens nicht mehr wichtig. Wonach sie fürs erste verlangt, ist fester Boden unter den Füßen, die Sicherheit einer Ordnung, die ihr in dieser Zauberkammer mit ihren verschwimmenden Zeitbegriffen verlorenzugehen droht. Die Ordnung ist oben, wo ihr Dasein in einem nicht gerade opulenten, doch beruhigend verläßlichen Rahmen verläuft, wo – und nun fällt's ihr wieder brennend heiß ein – Gäste sie erwarten, und Gäste darf man nicht warten lassen, zu welchem Anlaß sie auch erscheinen.

»Nein«, sagt sie entschieden, »nicht jetzt. Später ... ja, später. Jetzt werdet Ihr mit mir nach oben kommen. Auch für Euch wird es

Zeit, mit dem neuen Leben anzufangen, und wir werden schon lange erwartet.«
Damit nimmt sie seine Hand und zieht den Zögernden mit sich zur Treppe.
Doch zu ihrem Verwundern scheint niemand sie oben zu erwarten. Das Wohnzimmer ist leer, aus der Halle ist kein Geplauder, kein Gelächter, nicht der kleinste Laut zu vernehmen, der auf eine ihrer harrende Gästeschar schließen ließe. Und als Teresa dann vom Treppenabsatz hinunterschaut, gewahrt sie wirklich nur eine einzige einsame Gestalt, Vetter Ferdi nämlich, der, offensichtlich in tiefe Meditation versunken, an der Bar im Begriff ist, die letzte der Werbungszwecken bestimmten Sektflaschen systematisch zu leeren. Ist es die Meditation oder der Sekt oder beides zusammen, jedenfalls hört er nicht, als sie ihn anruft, fährt erst beim zweitenmal auf, sieht sich suchend um und fragt verblüfft, als er sie endlich oben entdeckt:

»Teresa? Du? Wo kommst du denn her?«
Und dann starrt er den beiden entgegen, während sie die Treppe herunterkommen, das heißt, Teresa sieht er nicht mehr, er sieht nur noch den andern, den Mann neben ihr, wischt sich hastig über die Augen, schüttelt den Kopf, wie um ein Trugbild loszuwerden. Aber da ist nichts fortzuschütteln, der Mann bleibt da, unverkennbar der Mann, dessen Porträt er nur allzugut kennt.

Und dann steht Teresa auch schon neben ihm und stellt den Herrn in aller Form vor:

»Darf ich bekanntmachen? ... Mein Vetter Ferdinand ... Graf Kasimir Kabolski!«

Ferdi ist, wie schon gesagt, Realist. Er glaubt nur, was er sieht, was er mit Händen greifen kann. Daß er einen Herrn sieht und ihm die Hand schüttelt, wie sich's bei derlei Gelegenheiten gehört, den es gar nicht gibt und nicht geben kann, weil er seit Ewigkeiten tot ist, läßt also nur den einen Schluß zu, daß irgendein fauler Zauber im Spiel ist. Daß er, was allerdings nicht zu bestreiten ist, dem, der zu sein Teresa behauptet, täuschend ähnlich sieht, besagt da nichts, besagt eher das Gegenteil, denn wenn er es wäre, wenn er wirklich noch lebte, könnte er kaum wie ein flotter Mittdreißiger wirken. Und dennoch geht etwas von ihm aus, was ihn auf undefinierbare, nur von seinesgleichen erspürbare Weise als »Herrn« ausweist, als jemand, der es nicht nötig hat, sich eines Schwindels zu bedienen, um jemand zu sein, weshalb sich Ferdi fürs erste diplomatische Zurückhaltung auferlegt und vorsichtig sagt:

»Verzeihung, Graf! Sie sehen mich ein wenig verwirrt.«

Der andere lächelt verständnisvoll.

»Was wirklich nicht weiter verwunderlich ist. Man begegnet nicht alle Tage so weitläufiger Anverwandtschaft. Schon Teresa hier fiel

es schwer, sich halbwegs in den Generationen zurechtzufinden. Um ehrlich zu sein: mir übrigens auch. Apropos, mon cher, ich sehe, daß Ihr da etwas Angenehmes zu trinken habt. Mir ist, als hätte ich seit Jahrhunderten keinen Tropfen mehr über die Lippen gebracht.«
Man lacht, teils, weil es ja wahr ist, teils, weil man so tut, als ob man's glaubt. Ferdi erkundigt sich nach speziellen Wünschen, füllt, von Neugier geplagt, die Gläser, Teresas weniger, das des angeblichen Grafen um so mehr, um dessen Zunge zu lockern und zu eventuell verräterischen Ausrutschern zu verleiten. Doch nicht Kasimir, sondern Teresa wird gesprächig. Kasimirs Geheimnis muß ja ans Licht, wenn er seinen angestammten Platz in dieser Welt einnehmen soll, und Ferdis Augen runden sich immer mehr, während sie von der Geheimkammer, von Phiolen, Retorten, dem Brennofen und dem wunderwirkenden graugelblichen Pulver erzählt.
Nicht etwa, daß er gleich drauf reinfällt. Romantisch veranlagten Mädchen wie Teresa ist leicht ein X für ein U vorzumachen. Ferdi muß es erst selbst sehen, wenn er daran glauben soll, und so sind sie gerade dabei, zu einem neuerlichen Besuch der Kammer aufzubrechen, als im nächtlichen Frieden draußen ein Auto in den Schloßhof einfährt, nicht Huberts Luxuskarosse, sondern eher ein Klapperkasten, und zu

Ferdis Ärger gleich darauf die Türglocke schrillt.
Da Jakob schon in sein privates Dasein entlassen ist, öffnet er selbst die Tür und steht einem unbekannten Herrn mit flinken grauen Augen hinter dicken Hornbrillengläsern gegenüber. Der Herr lüftet den korrekt geknifften Hut, eine stattlich-blanke Glatze enthüllend.

»Gestatten, Kegel«, sagt er, »Heribert Kegel, Kriminalkommissar. Entschuldigen Sie die späte Störung, aber auf Anordnung des Regierungspräsidenten persönlich hat mich der Herr Polizeipräsident beauftragt, unverzüglich die Nachforschungen nach der entführten Dame aufzunehmen. Speziell natürlich hier im ... Oh!«
Das verdutzte »Oh« gilt Teresa, die sein flink an Ferdi vorüberhuschender Blick an der Bar im Hintergrund der Halle erspäht hat. Er kennt sie zwar nicht persönlich, hat aber ihr Foto schon im Stadtanzeiger gesehen. Sie gehört ja zur Crème der Gesellschaft.

»Aber da ist ja die Komteß Hohenberg, wenn ich nicht irre!«

»Allerdings! Sie irren sich nicht!« Ferdi hat nicht die Absicht, sich bei dem, was sie vorhaben, durch lästige Besucher aufhalten zu lassen. »Entnehmen Sie ihrer Anwesenheit und dem Umstand, daß ihr angeblicher Entführer, Graf Kasimir Kabolski, neben ihr sitzt, daß gar keine Entführung stattgefunden und Ihr Auftrag sich somit erledigt hat. Sie können sich also unbesorgt heimwärts begeben. Gute Nacht!«

Damit schließt er die Tür, obwohl von draußen noch ein schwächlich protestierendes »Aber ...!« ertönt, schiebt als endgültige Absage an weitere Störungen den Riegel vor und wendet sich zur Bar zurück:

»So, nun laßt uns endlich in euer Geheimnis runtersteigen! Der Bursche da draußen hat genug gesehen, um Hardekopf beruhigende Auskunft zu geben.«

FÜNFTES KAPITEL

Die sich durch den Wald windende Straße zur Stadt hinunter ist zum Glück breit genug, um selbst bei Dunkelheit von jemand befahren zu werden, dessen Gedanken nur halb bei der Sache und, was die restliche Hälfte betrifft, mit Verkehrsfragen absolut fremden Dingen beschäftigt sind. Der Blick durch die Tür hat Kegel zwar über die Hauptsache, die Anwesenheit der Komteß, beruhigt, jedoch alles andere in einem tiefen Dunkel belassen, gegen das das Dunkel der Straße hellichter Tag ist.

Einen Moment aufschreckend, steuert er, zu weit nach rechts abgeirrt, haarscharf an einem Chausseestein vorbei und läßt sich dann wieder von seinen Grübeleien einholen. Im Polizeiprotokoll, immerhin einem amtlichen Dokument, ist von einer Entführung und einer ebenso gründlichen wie resultatlosen Suche nach der Entführten die Rede, deren Verschwinden bei so wichtigem Anlaß wie der eigenen Verlobung nur durch fremde Gewalteinwirkung erklärlich sei. Und trotzdem saßen, wie der kurze Blick in die Halle zu erkennen erlaubte, Entführte und angeblicher Entführer bei einem Gläschen friedlich beisammen, als wäre überhaupt nichts passiert.

Hielte man sich an dieses friedliche Bild, wäre Kegels Mission tatsächlich beendet. Ein Scherz war's vielleicht, ein Herrn von Hardekopf möglicherweise unbekannt gebliebener kleiner Familienzwist, in den die Polizei nicht ihre Nase zu stecken hätte. Doch die Sache hat einen Haken, der dem Kommissar trotz erhöhter Notwendigkeit, auf den in Stadtnähe zunehmenden Verkehr zu achten, keine Ruhe und die Rädchen in seinem Hirngehäuse heißlaufen läßt.

Kegel ist zwar mit Leib und Seele Kriminalist, aber als Junggeselle von ehelichen Rücksichtnahmen und Pflichten verschont, investiert er die ihm verbleibende private Leidenschaft in sein Hobby Heimatkunde. Man kann nicht ewig gegen Tücke und Hinterlist zu Felde ziehen, ohne den Geist gelegentlich durch einen Blick in die Vergangenheit zu erweitern. Einoder zweimal hat er auch dieses Schloß schon besichtigt, hat an Führungen teilgenommen und aus Jakobs Erklärungen wie aus der bei gleicher Gelegenheit erstandenen Schloßbroschüre erinnert er sich, daß die Grafen Hohenberg erst seit etwa hundert Jahren dank der Heirat eines Sproßes der Familie mit einer Baroneß Felsbach hier residieren. Die Felsbachs wiederum waren weitere hundert oder hundertfünfzig Jahre zuvor durch Eheschließung eines der ihren mit der letzten Gräfin Kabolski zu diesem zeitweiligen Stammsitz gekommen. Jene Gräfin Kabolski aber, und eben in diesem Umstand verbarg sich der Haken, war kinderlos in ihrer ersten Ehe geblieben, und ihr verschollener und längst verstorbener Gatte, ein unruhiger Geist und Abenteurer, war der Letzte seines Geschlechts gewesen. Wo also kam der vorhin als Graf Kasimir Kabolski bezeichnete Herr her?

Eigentlich hätte Kegel noch zu einer ersten beruhigenden Meldung ins Präsidium fahren müssen, aber es war schon spät, die Meldung käme auch morgen früh noch zeitig genug, und er kann es nicht erwarten, die erinnerten Fakten in aller Ruhe am häuslichen Schreibtisch mittels der genealogischen Handbücher seiner Heimatkunde-Bibliothek auf ihre Stimmigkeit zu überprüfen. Sollte ihm dabei der Nachweis gelingen, daß der angebliche Graf Kabolski nur ein sich mit gräflichen Federn schmückender Hochstapler war, konnte dies ein neues Licht auf diese Angelegenheit werfen, die bestimmt nicht so harmlos war, wie sie aussah. Wenn er es herausfand, würde er sich damit jedenfalls dem Regierungspräsidenten empfehlen, was seiner längst fälligen Beförderung zum Hauptkommissar nur nützlich sein konnte.

Folglich nimmt er Kurs auf seine Wohnung, klettert leicht schnaufend die drei Treppen hoch, und als er die Wohnungstür hinter sich schließt, beglückwünscht er sich einmal mehr zu seinem beharrlich bewahrten Junggesellentum. Wäre da eine Ehefrau, hätte er jetzt Fragen zu beantworten, womöglich Ärger wegen seiner späten Heimkehr zu beschwichtigen und irgend etwas Warmgehaltenes und dabei Zähgewordenes als Abendessen runterzuschlingen, statt ungesäumt zu seinen Bücherregalen zu eilen, den »Gotha« und zur Vorsicht auch noch das »Taschenbuch der deutschen gräflichen Familien« herauszusuchen und sich im traulichen Schein der Schreibtischlampe unverzüglich ans Blättern zu machen. Und siehe da, in beiden findet er seine Vermutung bestätigt: Die Grafen Kabolski gibt es nicht mehr. Der letzte Träger dieses Namens, Graf Kasimir, zeitweiliger Adjutant des einstigen Königs von Polen und Schwiegervaters Ludwigs XV., Stanislaus Leszczynski, ist 1745 beim Herrenberger Bauernaufstand auf ungeklärte Weise ums Leben gekommen.

Ein Gefühl heißen Triumphs treibt Kegel vom

Stuhl in die in peinlicher Ordnung gehaltene Küche. Einen Moment schwankt er, ob er sich ein Gläschen des festlichen Gelegenheiten vorbehaltenen exquisiten französischen Cognacs genehmigen oder sich einen ordentlichen Kaffee brauen soll und entscheidet sich schließlich für den Kaffee. Cognac macht müde, Kaffee hingegen schärft die kleinen grauen Zellen, und das kann er brauchen, wenn er sich über sein weiteres Vorgehen klar werden will, denn Um- und Vorsicht ist geboten, da der Regierungspräsident mit den Hohenbergs versippt und in Familiendingen sicherlich empfindlich ist. Die einzige Handhabe, über die er vorläufig gegen den angeblichen Grafen Kabolski verfügt, ist die Anzeige eines Herrn Hubert Hunziger gegen den Entführer der Komteß wegen Gewaltandrohung und Nötigung. Wenig genug, zumal von Entführung keine Rede sein kann, aber es dürfte immerhin reichen, den Mann zur Klärung dieser Angelegenheit und vor allem seiner Personalien ins Präsidium zu zitieren.

Kegel braucht drei weitere Tassen gehaltvollen Kaffees und mehrfaches Rückblättern in seinen genealogischen Handbüchern zur möglichst zweifelsfreien Absicherung der festgestellten Tatsachen, um sich zu dem Entschluß durchzuringen, den Mann lieber doch persönlich abzuholen, um auf jeden Fall sicherzugehen und eventuelle Empfindlichkeiten des Herrn von Hardekopf zu schonen, falls da doch in Polen oder Frankreich irgendein nicht offiziell registrierter Kabolski herumliefe. Danach begibt er sich endlich zu Bett, aber es kann nicht geleugnet werden, daß er teils wegen des Kaffees, teils der Kniffligkeit des Falles wegen einer unruhigen Nacht entgegengeht …

Auch Vetter Ferdi verbringt eine reichlich unruhige Nacht. An der Echtheit der gründlich besichtigten geheimen Kammer ist nicht zu rütteln, die Geschichte, so unmöglich sie scheint, könnte möglich sein, ein Kronzeuge, wenn auch zur Zeit nicht vernehmungsfähig, ist zudem in Gestalt des Dieners Hieronimus zur Hand, und dennoch ist die Vorstellung, wer ihm da bei dem von Teresa nach ihrem Ausflug in die Vergangenheit improvisierten kleinen Nachtmahl am Wohnzimmertisch gegenübersitzt, noch dazu wie zum Vergleich unmittelbar unter Bouchers Porträt, so unwahrscheinlich, daß sich immer wieder Zweifel einschleichen. Ähnlichkeit, selbst so auffallende, könnte Zufall sein; gewisse zeitbedingte Manierismen der Redeweise kann ein geschickter Schauspieler sich ebenso eintrichtern wie das gedämpftneugierige Erstaunen über Selbstverständlichkeiten wie elektrisches Licht oder den Toaströster auf dem Tisch. Sogar die Geschichtchen

aus seiner Pariser Zeit, mit denen er sie bei Tisch unterhält, lässig-amüsiert hingeplaudert mit höchst lebendigen Einzelheiten, könnten Teil einer sorgsam einstudierten Rolle sein. Aber er hätte schon ein genialer Schauspieler sein müssen, um unvorbereitet so überzeugend Ahnungslosigkeit zu mimen, als er eine gewisse Madame d'Étioles erwähnte, mit der er während der königlichen Jagd im Wald von Sénart ein kleines Scharmützel betrieben hat, und Teresa vermutete, daß diese Dame wohl die später so berühmt-berüchtigte Mätresse des Königs, Madame Pompadour, gewesen sein müsse.
Er hat ganz offensichtlich nicht einmal diesen Namen gekannt und nur bemerkt, seines Wissens habe sich Seine Majestät bei der Herzogin von Châteauroux in ebenso schönen wie festen Händen befunden. Nicht zu bestreiten sei, hatte er zu seiner Entschuldigung lächelnd hinzugefügt, daß er seit damals ein paar Jährchen verschlafen habe, in denen die von ihr genannte Dame – wie hieß sie doch gleich? – sehr wohl vom König bevorzugt worden sein könne.
Nein, er hätte wirklich ein genialer Mime sein müssen, um so überzeugend nichts zu wissen, und damit entfiel auch die Frage, warum ein solcher vor so bescheidenem Auditorium eine Rolle spielte, die ihm bestenfalls einen hochverschuldeten Schloßbesitz einbringen konnte.

Nein, der Mann war echt, und das Schloß mit allem Drum und Dran gehörte rechtens ohnehin ihm. Ob er in den Taschen seines schlichten bräunlichen Rocks allerdings eine ausreichende Anzahl Louisdors mitgebracht hatte, um es, von allen Schulden befreit, wirklich zu seinem Besitz zu machen, war äußerst fraglich, und damit kam wieder Hubert ins Spiel. Hubert und die Pläne, die er, Ferdi, zum Wohle der Familie wie des eigenen zur Entschuldung des Schlosses und Umwandlung in ein florierendes Unternehmen mit Sanatorium und Hotel entworfen hatte. Es kam nur darauf an, sie der neuen Situation anzupassen und diese zuvörderst gründlich zu durchleuchten.

Als erste Maßnahme zu diesem Zweck bleibt er gleich hinter der geschlossenen Tür des Gästezimmers im zweiten Stock stehen, in dem er zu nächtigen pflegt, wenn es zu spät geworden ist, noch zur Stadt zurückzukehren, und horcht mit angehaltenem Atem auf den Vorplatz hinaus. Wird Teresa den ... nun ja, den Grafen zum gegenüberliegenden zweiten Gästezimmer bringen und dann wirklich ihr eigenes Schlafzimmer im ersten Stock aufsuchen oder nicht?

Sie tut's, wie er befriedigt hört. Das leichte Geräusch ihrer Schritte verweht die Treppe hinunter. Sein Mißtrauen ist in diesem Fall wohl übertrieben, aber wer kann schon wissen, wozu

romantische Mädchen, selbst eine Komteß Hohenberg, imstande sind, wenn sie ihren Träumen begegnen? Unwiderrufliches ist also vorläufig nicht geschehen, und wenn Teresa ihr Versprechen hielt, Hubert zu heiraten, hätte Kabolski gewiß nichts dagegen, im Austausch gegen Zugeständnisse im Besitzverhältnis des Schlosses zugunsten Teresas dessen Geld an die Stelle seiner nicht vorhandenen Louisdors treten zu lassen. Sicherlich würde es ihn überraschen, seine Nachfahren in so deplorabler finanzieller Situation zu entdecken, doch er schien verständig genug, den Wandel der Zeiten zu begreifen, wenn man ihm die Sache nur vernünftig erklärte. Auch, daß ihm keine andere Möglichkeit blieb, sich der Bank zu erwehren und wenigstens einen Teil seines Eigentums und damit die Aussicht auf das gewohnte standesgemäße Leben zu erhalten.
Soweit also scheint alles klar. Nur eins gefällt ihm nicht: dieses wacklige »wenn«, an dem die logische Kette seiner Überlegungen hängt. »Wenn« Teresa sich an ihr Versprechen hielt! Was aber, wenn nicht? Wenn sie, wie bereits erwiesen, zwar nicht gleich, so doch in absehbarer Zeit der Verführung ihres Traums noch zum Opfer fiel?
Auf der Bettkante sitzend, hat sich Ferdi eben der Schuhe entledigt, als diese verspätete Schreckvorstellung voll bei ihm durchschlägt

und ihn von seinem Platz hochtreibt. Im allgemeinen bevorzugt er die bequeme Ruhestellung des Körpers zur Förderung der Gedankentätigkeit, aber in schwierigen Fällen ist er schon immer ein Geh-Denker gewesen.
Wenn dieser Fall also einträte, käme Hubert als Geldspender nicht mehr in Frage und ... ja, was dann? Dann würde die Bank den Hohenberg-Besitz übernehmen, oder Teresa würde sich dazu durchringen müssen, wenigstens den Boucher zu verkaufen, zumal sie, wenn die Dinge sich so entwickelten, ja das Original besaß und die Kopie entbehren konnte. Aber erstens würde auch das nicht reichen, bei weitem nicht, und zweitens: was würde aus seinen Plänen?
Und ein Drittens stellt sich noch ein, das die verdüsterte Zukunftsszene zur Abwechslung wieder ein bißchen aufhellt. Immerhin wär's möglich, daß Kabolski auf Teresa nicht fliegt. Reizvoll wie sie ist, fehlt es ihr vielleicht, weil sie die letzten zwei Jahre fast ausschließlich auf Herrenberg zugebracht hat, an einem Schuß eleganter Weltläufigkeit, wie sie Madame d'Étioles, deren Flirt mit ihm er so genußvoll beschrieb, in hohem Maße eigen gewesen sein mußte, sonst wäre sie bei der scharfen Konkurrenz am Pariser Hof wohl kaum zur Madame Pompadour avanciert. Ganz abgesehen davon – und Ferdi hangelt sich unverdrossen an diesem

dünnen Hoffnungsfädchen weiter –, daß die Ähnlichkeit dieser Teresa mit jener Teresa, mit der er verheiratet gewesen ist, dokumentiert durch das in der Halle hängende Bild, ihm das eheliche Debakel abschreckend in Erinnerung bringen mochte. Möglich wär's, aber …

Er verhält jäh den Schritt und lauscht nach draußen. Hat da nicht eine Diele geknarrt? Da, jetzt wieder! Ein Mann muß es sein. Jakob hat um diese Stunde hier nichts zu suchen, überdies schläft er längst. Es muß sich um Kabolski handeln, der es nicht erwarten kann, einen dikken Strich durch seine hoffnungsvollen Spekulationen zu machen.

Er ist es auch, den das aus der von Ferdi aufgerissenen Tür fallende Licht aus der Düsternis des Vorplatzes zieht, ebenfalls auf Strümpfen und in Hose und Hemd. Doch für den Kundigen ist auf den ersten Blick zu erkennen, daß sich da kein liebesdurstiger Casanova heimlich zu seiner Dame schleicht. Sichtlich erleichtert, strebt er Ferdi zu.

»Ich suchte nach Euch, mon cher. Das heißt, nicht nach Euch, sondern nach einem intimeren leiblichen Bedürfnissen gewidmeten Ort. Früher pflegte man für derlei einen pot de chambre unters Bett zu stellen, aber das scheint aus der Mode gekommen zu sein.«

Ferdi grient, nicht zum wenigsten über sich selbst. So war der Mensch. Mit den ernsten

Problemen des Daseins beschäftigt, ließ er die alltäglichen Notwendigkeiten außer acht.

»Aus der Mode gekommen, seitdem die Hygiene erfunden wurde«, erwidert er. »Schon der vorletzte oder vorvorletzte Graf hat ihren Erfordernissen entsprechend Toiletten im Schloß einbauen lassen. Sie finden die nächste dort hinter der kleinen Tür im Winkel. Der Lichtschalter ist gleich links an der Wand.«

»Hygiene sagt Ihr? Nun, Ihr erklärt mir's später. Für jetzt merci!«

Kabolski ist bereits unterwegs, doch so eilig er's hat, bevor die kleine Tür sich endgültig hinter ihm schließt, ruft er noch ein gedämpftes »Bonne nuit!« zu Ferdi hinüber.

»Bonne nuit!« Der reinste Hohn für jemand, in dessen Kopf unablässig Gedanken kreisen und keine Ruhe geben wollen.

Nach einer weiteren Stunde, in der nicht nur die Gedanken kreisen, sondern auch er selbst im Bett rotiert, beginnt er sich nach einem Prischen von Kabolskis graugelbem Pulver zu sehnen, nicht gleich für Jahrhunderte, das wäre zuviel, aber für die nächsten paar Stunden. Und plötzlich fährt er noch wacher, als er schon ist, geradezu grellwach, von seinem zerwühlten Lager hoch, starrt einen Moment blicklos ins Leere und pfeift dann kurz und für seine Verhältnisse überraschend ordinär durch die Zähne.

Daß er nicht gleich daran gedacht hat! Er hat in dieser Nacht an manches viel zuviel, an manches zu wenig und an eins, das Wichtigste, überhaupt nicht gedacht: an dieses Wundermittel, das alle ihre Probleme lösen könnte. Einerseits bringt es Schlaf, andererseits aber verhilft es vor allem zu bleibender Jugend, wie der Graf in Person beweist, und erfüllt damit einen uralten Menschheitstraum.

Kabolski mußte die Zusammensetzung des Pulvers kennen, jedenfalls wäre sie zu analysieren; Schlaf und Jugend voneinander zu trennen, konnte für die moderne Chemie nur ein Kinderspiel sein, und mit dem Jugendelixier hätten sie etwas in der Hand, wonach die gesamte pharmazeutische Industrie vor dem Schloßtor Schlange stände, zu Millionen-Angeboten bereit, gegen die die Forderungen der Bank ein lächerliches Trinkgeld wären. Auch ohne Hubert würde dann das Kur-Zentrum mit Sanatorium und Hotels am Südhang des Herrenbergs entstehen, und er, Ferdi, würde die Geschäfte führen, da ein Mann, der die letzten zweihundertvierzig Jahre verschlafen hatte, kaum dazu in der Lage wäre. Jetzt kam's nur darauf an, daß Teresa sich diesen Goldfisch angelte, solange er von seinem Glück nichts ahnte. Am liebsten wäre er auf der Stelle zu ihr gestürzt oder vielmehr geschlichen, um jedes Aufsehen zu vermeiden, und hätte ihr von seinem großartigen Einfall erzählt, der nebenbei auch noch ihren heimlichen Traum verwirklichen würde. Doch um diese Zeit störte man eine Dame nicht im Schlaf, auch wenn's die eigene Cousine war, und morgen, nein, heute früh würde er sie eben noch vor dem Frühstück abfangen müssen.

Aber auch Teresa war noch nicht recht zum Schlafen gekommen. Einen Traum zu träumen ist eine Sache, seine Verwirklichung zu erleben ist eine andere. Ersteres bringt keine Probleme mit sich, ist angenehm und hinterläßt beim Erwachen allenfalls ein köstliches Sehnen. Letzteres bricht allzu verwirrend über einen herein, läßt einen an seinem Verstande zweifeln, und man beginnt, sich nach dem köstlichen Sehnen von früher zu sehnen. Außerdem schafft es Probleme, von denen nicht das geringste die Frage ist, ob der verwirklichte Traum denn auch wirklich dem geträumten entspricht.
In der vagen Hoffnung, es könne ihr in diesem Punkt zur Klärung verhelfen, hat Teresa das Porträt aus dem Wohnzimmer geholt und es sich gegenüber gegen die Fußwand des Bettes gelehnt. Sie selber hat sich mit angezogenen Beinen aufs Kopfkissen gehockt, die Arme um die Knie geschlungen, läßt es nicht aus dem Blick und findet, von der Perücke natürlich abgesehen, äußerlich keinen Unterschied zwi-

schen diesem und dem, der so überraschend leibhaftig in ihr Leben getreten ist. Nur daß er eben zuvor ein Traumbild war, dem man nach Belieben Idealistisches andichten konnte, und sich nun als ein Mann entpuppte, der sich in der Welt herumtrieb und mit schönen Frauen flirtete, während die ihm Angetraute sich daheim mit seinem Porträt begnügen sollte. Aber vielleicht lag es auch an ihr, dieser früheren Teresa, daß sie ihn nicht hatte halten können, weil sie zu eigenwillig und selbstsüchtig gewesen war.
Ja, so konnte es, so mußte es zu erklären sein. Der tröstliche Gedanke bringt das Traumbild und seine Leibhaftigkeit wieder dichter zusammen, fast zum Verschmelzen wie in jenem Moment in der Geheimkammer unten, als er sie hatte umarmen wollen und nur durch das Schnarchen dieses Hieronimus daran gehindert worden war. Das Schnarchen ... und ihre jäh dann ausbrechende Angst vor all dem Unerklärlichen, das ihr ganzes, so übersichtlich geordnetes Dasein in Unordnung brachte.
Denn bei allem Hang zur Romantik hat sie sich in den paar Jahren, in denen sie mehr oder weniger allein den zerbröckelnden Familienbesitz zusammengehalten hat, auch eine Portion Ordnungssinn und Verläßlichkeit angezüchtet, die ihr letztlich auch den Entschluß abrang, Hubert zu heiraten. Aber Hubert ...
Sie fährt sich mit einer heftigen Handbewe-

gung durch die wirren dunklen Locken, als müsse da etwas Lästiges fortgewischt werden, und ihre Gedanken kreisen schon wieder um Kasimir.
Einen Moment noch betrachtet sie sein Bild, schließt die Augen, rutscht vom Kopfkissen genüßlich sich dehnend unter die Decke, kuschelt sich ein, ist von neuem da unten in der Kammer, spürt seine sie umfangenden Arme, dann seine Lippen, zärtlich und fordernd, nun keine Spur mehr Traum, nur noch Mann, und sie hat nichts dagegen einzuwenden, im Gegenteil. Es mag jetzt noch die Ähnlichkeit sein, die ihn zu ihr zieht, die Erinnerung an ein aus dem Kloster entführtes Mädchen, aber sie würde ihm schon beibringen, daß sie eine andere war, und sie würde ihn halten können.
Sie treibt in dieser Gewißheit wie in einem wundervoll warmen Bad, stößt dabei mit den Zehen an Ungewohntes, öffnet die Augen und begegnet unversehens Kasimirs Blick. Es ist zwar nur sein Porträt, aber er ist so lebendig in ihren Gedanken bei ihr gewesen, daß sie im ersten Moment mit heißen Wangen erschrickt, als habe er selbst sie belauscht, und im zweiten das Bild schleunigst zu seinem Platz nebenan zurückbringt, nicht ganz frei von dem Gefühl, ihre nahe Nachbarschaft im Bett sei nicht ganz schicklich gewesen. Erst danach druselt sie endlich ein bißchen ein …

Man sollte meinen, daß einem, der eine halbe Ewigkeit lang geschlafen hat, fürs erste und vermutlich auch fürs zweite und dritte weiteres Schlafbedürfnis abhanden gekommen sein müßte, zumindest bis er den Vorschuß aufgebraucht hat, doch bei Kabolski kann keine Rede davon sein. Nach der Begegnung mit Ferdi ins Gästezimmer zurückgekehrt, ist er, ohne den von Teresa bereitgelegten Pyjama aus Restbeständen einstiger männlicher Schloßbewohner zu beachten, splitternackt wie gewohnt ins Bett gestiegen und hat als einziger von den dreien friedlich geschlafen, bis Jakob ihn mit der Ankündigung weckt, ein Bad sei schon für ihn gerichtet, und er stehe mit dem Rasiermesser zum Rasieren bereit.
Die Komteß hat ihm natürlich gesagt, daß er einen Herrn aus der Familie, einen Grafen Kabolski, vor sich habe, aber es wäre nicht nötig gewesen. Ein in herrschaftlichem Dienst herangereifter Kammerdiener, noch dazu Sohn und Enkel eines solchen, weiß Rang auch ohne Rangabzeichen und Qualität selbst in splitternacktem Zustand zu erkennen. Alter Adel prägt sich in anderem als in Äußerlichkeiten aus. Und zudem ist da eine gewisse Ähnlichkeit, von der er nur nicht gleich weiß, mit wem.
Kasimir erscheint also wohlrasiert und auch sonst in bester Form am Frühstückstisch, wo ihn nur noch Teresa erwartet. Ferdi hat die

günstige Gelegenheit genutzt, mit dem Lieferwagen des Delikatessengeschäfts, das die Küche des Forsthaus-Restaurants mit feineren Zutaten versorgt, in die Stadt zurückzukehren, um eine nebulose geschäftliche Verabredung wahrzunehmen. Zuvor hat er Teresa noch das grandiose Ergebnis seines nächtlichen Pläneschmiedens aufgetischt, zu seiner Überraschung aber nur ein recht gedämpftes Echo vernommen. Daß sie, wenn die Dinge so laufen, wie Ferdi hofft, Hubert nicht mehr zu heiraten braucht, hört sie zwar gern, nur daß Ferdi ihre Gefühle für Kasimir mit geschäftlichen Spekulationen verquickt, gefällt ihr gar nicht. Ihr Traum hat nichts mit Geschäften zu tun, so nützlich sie auch der Familie sein mögen, und so soll es auch bleiben.

Eigentlich hatte Ferdi sie veranlassen wollen, Kasimir gleich nach der bewußten Formel zu fragen, aber bei so wenig Familiensinn war es wohl besser, es selbst zu machen. Wenn er sie während seines Jahrhundertschlafs nicht vergessen hatte, kam es auf weitere drei oder vier Stunden auch nicht mehr an. Und bei ihm war sicherlich mehr Familiensinn zu erwarten. In dieser Gewißheit fährt er einigermaßen beruhigt stadtwärts.

Kasimir fällt seine Abwesenheit kaum auf, so sehr ist er mit Teresa beschäftigt. Die Blässe der durchwachten Nacht läßt ihre schönen Augen noch dunkler wirken und verleiht ihren Zügen eine mädchenhafte Zartheit, die sie noch anziehender macht. Gestern hätte er sie mit der anderen, der seinen, verwechseln können, heute sieht er, daß ihre Ähnlichkeit nur äußerlich ist.

»Bedauert Ihr das?« fragt sie lachend, als er es ihr sagt.

Er überlegt einen Moment und schüttelt den Kopf.

»Nein ...« Und zur Bekräftigung gleich noch einmal:

»Nein. Ich glaube nicht.«

»Aber Ihr habt sie doch geliebt.«

»Gewiß!« Die Antwort kommt rasch, doch es dauert ein Weilchen, bevor er fortfährt: »Besonders, wenn ich entfernt von ihr war. Wir waren einander wohl zu ähnlich, um uns im Miteinander länger vertragen zu können. Während Ihr ...«

Doch dabei bleibt's, sehr zu Teresas Leidwesen. Bevor er den Satz beenden kann, läßt sich Jakob auf der Schwelle blicken, nicht mehr in der Alpakaweste des Badezimmers, sondern schon für die erste Führung gerüstet. Er meldet die Ankunft eines Herrn – seine Miene drückt erheblichen Zweifel an diesem Status aus –, eines Herrn von der Polizei also, der den Herrn Grafen auf Veranlassung des Herrn Regierungspräsidenten zum Präsidium abholen solle.

»Ach, du liebes bißchen!« ruft Teresa erschrocken, und ihr fällt wieder das Telefongespräch ein, das Hardekopf in aller Frühe mit ihr geführt hat, um zuvörderst seiner Freude über ihr plötzliches Wiederauftauchen nach ihrem ebenso plötzlichen Verschwinden Ausdruck zu geben, sodann um leicht pikiert zu bedauern, nicht sofort unterrichtet worden zu sein, sondern erst vor zehn Minuten durch den Bericht eines Polizeibeamten davon erfahren zu haben, und schließlich hatte er gelindes Erstaunen über die Person des Entführers geäußert, der nach allem, was er vernommen habe, gar kein Entführer gewesen sei.

»Im Bericht heißt es, es handele sich um einen Grafen Kabolski. Ihr Vetter habe ihn so genannt.«

Das Fragezeichen dahinter war nicht zu überhören gewesen.

»Allerdings ... ja. So ... so hat er ihn wohl genannt ...«

Es hatte sich reichlich unbestimmt angehört. Das Telefon hatte sie aus dem Schlaf geklingelt, und sie war noch zu dösig gewesen, um der Situation gewachsen zu sein.

»Merkwürdig, sehr merkwürdig. Mir war nicht bekannt, daß ein Vertreter dieses Geschlechts noch lebt.«

Diesmal hatte es keinen Anlaß zum Zögern gegeben.

»Mir auch nicht! Ich hatte keinen blassen Schimmer!«

Einen Moment war nur gedankenschwere Stille zu vernehmen gewesen, dann war Hardekopfs diskret knarrende Stimme wieder an ihr Ohr gedrungen:

»Nun, wir werden sehen. Ihr ... hm ... Verlobter hat ihn wegen Gewaltandrohung und Nötigung angezeigt. Im Laufe des Vormittags wird ihn ein Polizeibeamter zur Klärung des Sachverhalts ins Präsidium abholen. Sie haben ihn doch im Schloß aufgenommen? Apropos, Sie sind doch wohl Zeugin des Vorgangs gewesen?«

»Ja ... das heißt, nein!«

Irritiert kam's zurück: »Was denn nun also? Ich verstehe nicht recht!«

»Ich war schon vorher in Ohnmacht gefallen.«

»Ah! Oh! Ja, richtig! Sehr bedauerlich! Nun, wie dem auch sei, bei dieser Gelegenheit werden sich die Personalien des Herrn unauffällig überprüfen lassen.«

Damit war das Gespräch zu Ende gewesen, und nun war der Beamte also schon da.

Jakob verharrt noch auf der Schwelle.

»Lassen Sie den Herrn in der Halle einen Moment warten«, sagt sie zu ihm und wendet sich, als er verschwindet, Kasimir zu, um ihn in aller Eile über den Besucher aufzuklären.

»Gehört der auch zu den Leuten, die man nicht mit Hunden vom Schloßhof jagen darf, wenn man sich keine Unannehmlichkeiten zuziehen will?« fragt er in Erinnerung an den Gerichtsvollzieher.

Teresa nickt, und plötzlich überfällt sie etwas wie Angst. Angst um ihn, um Kasimir. Bisher ist er hier in vertrauter Umgebung gewesen. Er ahnt wohl, daß die Welt draußen sich erheblich gewandelt haben muß, aber was wird geschehen, wenn er selbst dieser verwandelten Welt begegnet? Was wird er tun, wenn die Polizei ihm nicht glaubt, wer er ist? Wenn man ihn womöglich für einen Schwindler hält? Sie kann ihn unmöglich allein gehen lassen! Zwar ist im Forsthaus-Restaurant drüben für heute mittag ein Hochzeitsmahl für fünfundzwanzig Personen bestellt, dessen Vorbereitung sie beaufsichtigen müßte, aber die Sorge um ihn geht allemal vor.

»Ich komme mit!« ruft sie rasch und springt auf. »Wartet nur einen Moment, bis ich mir etwas Passenderes ...«

Doch er ist schon auf den Füßen und verstellt ihr mit zwei Schritten den Weg.

»Nichts da«, sagt er friedlich. »Wofür haltet Ihr mich? Ich bin kein Kind mehr und habe schon ganz andere Abenteuer allein bestanden.«

Er steht dicht vor ihr, sie sieht die Fünkchen leisen Spotts in seinen Augen, und ihre Angst schlägt jäh in Ärger um. Das hat man von seiner Fürsorglichkeit! Als einzigen Dank dieses versteckte Grienen männlicher Überlegenheit! Nein, dieser Mann ist nicht der Mann ihres Traums!

»Bitte«, sagt sie kühl, »wie's Euch beliebt. Ich habe mich Euer Liebden nicht aufdrängen wollen.«

Und da ihr Ärger ihn auch noch zu amüsieren scheint und sein Porträt gleich neben ihr hängt, fährt sie giftig fort:

»Und wenn Ihr Euch einbildet, ich hätte das Bild hier nur Euretwegen so oft betrachtet, dann irrt Ihr Euch.«

Aber die Wirkung ist anders als erwartet. Zu ihrer Empörung lacht er schallend auf und sagt dann heiter:

»Ihr seid meiner, der anderen Teresa doch ähnlicher, als ich glaubte. Wenn wir miteinander stritten, sagte sie oft das Gegenteil von dem, was sie dachte.«

Und dann nimmt er ihre Hand, hält sie fest, als sie sie ihm entziehen will, küßt sie leicht und murmelt lächelnd:

»Wie reizend von Euch! Wahrhaftig, trotz allem beginnt mir diese Welt zu gefallen.«

Sechstes Kapitel

Schon während der Fahrt zur Stadt hinunter beschleicht den Kriminalkommissar Kegel mählich die Ahnung, es mit einem höchst ungewöhnlichen Fahrgast zu tun zu haben. Allein die Art, wie er vor dem Einsteigen sein Gefährt in Augenschein nimmt, ist irgendwie auffällig. Nicht etwa herablassend oder gar verächtlich, weil es ihm zu poplig wäre. Das nicht. Daß der Herr trotz seines Standes keine sonderlichen Ansprüche an Äußerlichkeiten stellt, ist schon seiner Kleidung anzusehen: einer Jagdjoppe aus derbem bräunlichem Stoff, wie man sie auch im vorigen Jahrhundert getragen haben könnte, ebensolchen Bundhosen bis unter die Knie, schlichte Wollstrümpfe und altmodisch-solides Schuhwerk darunter, eben die praktischste Bekleidung für Aufenthalte in der Geheimkammer unten. Aber davon weiß Kegel nichts. Er weiß nur, daß es auf Herrenberg finanziell nicht zum besten steht, und daß der Wagen, mit dem die Komteß gelegentlich zum Markt oder ins Theater fährt, bestimmt ein älterer Jahrgang als seiner ist. Mit Popligkeit hat es also nichts zu tun. Eher kommt es dem von Berufs wegen auf genaues Beobachten geschulten Kegel so vor – und er muß selbst über die Absurdität solcher Vorstellung lächeln –, als umkreise der Herr ein Objekt, das er zuvor nie gesehen habe.

Auch während der Fahrt scheint ihn jeder Handgriff zu interessieren, und Kegels höflich-respektvolle Versuche, ein beiläufiges Geplauder in Gang zu bringen, scheitern an der Unaufmerksamkeit des anderweitig zu sehr in Anspruch genommenen Grafen. Erst als sie die Stadt erreichen und dessen Aufmerksamkeit sich vom Wageninnern schlagartig auf die Außenwelt, auf die Reihen kleiner Villen und Ein- und Mehrfamilienhäuser, auf Busse, Straßenbahnen und Passanten verlagert, gelingt es ihm, mit der Bemerkung, es habe sich in den letzten Jahren viel verändert, und der Herr sei wohl längere Zeit nicht in der Stadt gewesen, eine Reaktion zu erzielen.

»Allerdings«, läßt sich der Graf vernehmen. »Es ist schon ein Weilchen her.«

Nur ein karger Anfang ist es zunächst, nicht mehr, aber Kegel läßt sich die Mühe nicht verdrießen, zumindest seinerseits das Gespräch in Gang zu halten.

»Vieles ist neu hier, wie Sie sehen, aber auch manches schöne Alte ist erhalten geblieben. Das Rathaus, zum Beispiel, die Ägidienkirche …«

»… das Zünftehaus«, wirft der Herr nostalgisch ein, »die Abtei der frommen Brüder …«
Vor ihnen bremst ein Wagen scharf, ein Fußgänger ist verkehrswidrig über die Straße gelaufen, und die Notwendigkeit, das Auffahren auf den Vordermann zu vermeiden, lenkt Kegel für einen Augenblick ab. Erst dann protestiert der Heimatkundler:

»Nein, die nicht! Die gibt's längst nicht mehr. Die sind 1825 mit der halben Stadt dem großen Brand zum Opfer gefallen.«

»Schade«, äußert der Herr bedauernd und fährt lässig fort: »Nun, ich sagte Euch ja, ich bin ein Weilchen nicht hier gewesen.«
Es trifft sich gut, daß auf dem Rathausplatz, auf dem er zum Präsidium abbiegen muß, zur Zeit ungewöhnlich wenig Verkehr herrscht, denn Kegel ist wiedermal nicht bei der Sache. Er rumpelt auch so schon über die Bordschwelle der Straßenbahn-Haltestelle, die er übersehen hat, weil er noch an die Bemerkung des Herrn denken muß. Irgendwas stimmt da nämlich nicht, ohne daß ihm gleich klar wird, was. Erst als er unter knapper Schonung eines ungelegen

daherkommenden Radfahrers die Einfahrt zum Hof des Präsidiums erwischt, fällt's ihm blitzartig ein. Der Herr scherzt, muß einfach scherzen! Auch wenn er ein sehr langes Weilchen nicht in der Stadt gewesen ist, kann er nichts von Baulichkeiten wissen, die in der Brandkatastrophe vor hundertsechzig Jahren spurlos verschwunden sind. Es sei denn …

»Guter Witz!« schmunzelt er beifällig. »Sie beschäftigen sich also auch mit Heimatkunde, Herr Graf?«

Doch der sieht nicht nach Witzen aus, als er trocken erwidert:

»Nein. Sollte ich?«

»Ich dachte nur, weil …«

Aber da ist der Kommissar schon bei seinem Standplatz angelangt, und da der Graf keine Antwort zu erwarten scheint und Kegels Gedanken ohnehin schon zum Eigentlichen vorauseilen, das oben in seinem Dienstzimmer stattfinden soll, jener Vernehmung, die mit Feingefühl und Diskretion vorzunehmen ihm von seinem Vorgesetzten, dem Polizeipräsidenten, sicherlich mit Rücksicht auf Herrn von Hardekopf anempfohlen wurde, sagt er nur:

»Ah, nichts weiter … Wenn Sie jetzt die Freundlichkeit hätten, mir zu folgen, Herr Graf. Nein, dort ist der Griff zum Öffnen. Nicht drücken, nur leicht ziehen … So, das wäre geschafft.«

Und bei sich denkt er: Man möchte meinen, der Mann hätte noch nie in einem Auto gesessen. Und muß wieder über eine so abstruse Vermutung schmunzeln …
Wäre Kegel im Geiste nicht schon so mit der bevorstehenden Vernehmung beschäftigt, müßte ihm unterwegs nach oben noch mancherlei Ungewöhnliches im Verhalten seines Begleiters auffallen. Nichts Besonderes, nur Kleinigkeiten. Zum Beispiel, daß er sich mehrmals verwundert nach der Telefonzelle in der Eingangshalle umdreht, in der ein lebhaft gestikulierender Mann ein lautstarkes Gespräch führt, und hinter der Sekretärin im Vorzimmer bleibt er gar einen Moment stehen, um ihr flinkes Fingerspiel auf den Tasten der Schreibmaschine zu bestaunen. Aber er ist nun einmal völlig davon in Anspruch genommen, Diskretion und Feingefühl in sich zu versammeln, letzteres vor allem eine Tugend, die nicht eben zur Grundausstattung eines Polizeibeamten gehört. Ein Glück, daß er sich als Privatmensch einen gewissen Fonds davon bewahrt hat, aus dem er bei dieser Gelegenheit schöpfen kann.
Im Dienstzimmer angelangt, rückt er also feinfühlig den schäbigen Sessel vor dem Schreibtisch für seinen Besucher zurecht und nimmt ihm gegenüber Platz.

»Sie wissen, Herr Graf«, hebt er nach einem ausgiebigen Räusperer zur Klärung seiner

Stimmbänder an, »weshalb wir Sie hergebeten haben.«
Das »wir« soll diskret die Autorität der polizeilichen Ordnungsmacht verschleiern.

»Nein.« Locker in seinem Sessel lehnend, schlägt der Graf ein Bein übers andere. »Das hoffe ich, von Euch zu hören. Die Komteß Hohenberg hat mir nur etwas von einer Anzeige berichtet.«

»Der Anzeige eines Herrn Hubert Hunziger«, ergänzt Kegel beflissen.

»Der Herr ist mir völlig unbekannt.«

»Doch wohl nicht ganz.« In aller Eile überfliegt Kegel noch einmal den offenbar nach Angaben Herrn von Hardekopfs verfaßten Bericht. »Sie sollen«, fährt er fort, »ungebeten in ein Zimmer eingedrungen sein, in dem sich dieser Herr mit der Komteß allein befand, und ihn tätlich bedroht haben.«

»Ah, dieser Herr!« Kabolskis Miene ist anzusehen, was er von »diesem Herrn« hält. »Die Situation ließ unzweideutig erkennen, daß er die Komteß belästigte, worauf ich das für jeden Kavalier Selbstverständliche tat: Ich forderte ihn zum Duell!«
Somit ist also alles klar. Eine seit dem Paragraphen 201 des einstigen Reichsstrafgesetzbuches eindeutig verbotene Handlung war vom Beschuldigten eingestanden worden, doch das Motiv, für die Beurteilung des Tatbestandes

wie für die eventuelle spätere Strafzumessung wichtig, war im Dunkeln geblieben. Als Angehöriger der Familie konnte der Graf unmöglich in Unkenntnis der unmittelbar bevorstehenden Verlobung gewesen sein und hätte zwischen Verlobten übliche Intimitäten kaum als Belästigung ansehen können. Spielte da etwa anderes, vielleicht Rivalität oder Eifersucht eine Rolle?
Kegels Spürnase vibriert, doch der Mahnung zur Diskretion eingedenk, tastet er sich nur vorsichtig weiter.

»Könnte es sich«, forscht er, »bei der von Ihnen vermuteten Belästigung nicht um ein Mißverständnis gehandelt haben?«
Er will hinterrücks auf die Verlobung hinaus, doch eine unerwartete Reaktion des Grafen kommt ihm in die Quere. Ein Lächeln amüsierter Bewunderung ist es, das unversehens in dessen grauen Augen aufglänzt.

»A la bonne heure, Monsieur!« lobt er heiter. »Ich beglückwünsche Euch zu Eurem Scharfsinn! Ihr habt den Nagel auf den Kopf getroffen. Es war wirklich ein Mißverständnis. Ich habe die Komteß irrtümlich für meine Gemahlin gehalten.«
Kegel staunt. Also wirklich Eifersucht, wenn auch von der legitimen Sorte. Aber was ist das nun wieder? Von der Anwesenheit der Gräfin ist ihm bisher nichts zu Ohren gekommen. Immerhin könnte sich hier ein Anlaß zur Straf-

milderung oder gar Niederschlagung der Anzeige ergeben, was gewiß im Sinne Herrn von Hardekopfs wäre. Wenn der Graf seine Frau ... Verzeihung, seine Gemahlin von einem fremden Herrn belästigt glaubte, wäre seine Reaktion nicht nur verzeihlich, sondern sogar berechtigt gewesen. Es kam nur darauf an, diese Erklärung glaubhaft zu untermauern.

»Ihre ... Ihre Frau Gemahlin dürfte demnach der Komteß einigermaßen ähnlich sehen«, folgert er schlüssig.

Der Graf nickt mit Nachdruck.

»Nicht nur einigermaßen ... außerordentlich! Ihr könnt Euch selbst davon überzeugen, wenn Ihr ihr Porträt in der Halle des Schlosses betrachtet.«

In der Halle? Kegel hat volles Verständnis dafür, daß der Gräfin die Besichtigung durch einen Polizeibeamten erspart werden soll und der Graf ihn deshalb zur Feststellung der Ähnlichkeit auf das Abbild statt auf das Original verweist, aber es will ihm nicht gelingen, sich das fragliche Porträt vors innere Auge zu führen. Erst heute morgen hat er ein Weilchen in der Halle auf den Grafen gewartet und dabei die zwischen alten Waffen und Tapisserien hängenden Gemälde betrachtet. Zwei von ihnen stellen würdige Herren mit Allongeperücken und Doppelkinn dar, nur das dritte zeigt eine hochmütig blickende junge Dame, deren dunkles Haar eine rote Nelke schmückt. Bei ihr ließe sich, soweit ihm seine spärlichen Begegnungen mit der Komteß einen Vergleich gestatten, von Ähnlichkeit reden, aber die kann ja unmöglich die Gräfin sein, jedenfalls nicht die, mit der der hier anwesende Graf verheiratet ist. Auf dem Messingschildchen unten am Rahmenrand sind nämlich Name und Daten vermerkt. »Gräfin Teresa Kabolski« steht da, »geb. Contessina di Farfano-Cavallazzi«, und dann folgen die ihren Lebenslauf begrenzenden Jahreszahlen: 1717–1785.

»Leider muß ich das Porträt übersehen haben«, bedauert Kegel. »Ich habe vorhin nur das der Dame mit der Nelke bewundert.«

»Aber eben das ist sie ja!« ruft Kabolski belustigt. »Habt Ihr die Ähnlichkeit nicht bemerkt?«

Kegel reißt verblüfft die Augen auf. Sie huschen nicht auf der Jagd nach Indizien flink umher wie gewöhnlich, sie starren den Grafen nur ungläubig an. Was hat sein Gegenüber da eben gesagt? Macht er sich etwa einen Scherz mit ihm? Oder ...? Einen Moment erwägt er, ob das Messingschildchen versehentlich am Rahmen dieses Porträts angebracht worden sein könnte, eine Verwechslung vielleicht, aber nein! Er erinnert sich jetzt, es auch in der Schloßbroschüre gesehen zu haben, die er bei einer früheren Führung zur Bereicherung sei-

ner Hobby-Bibliothek erstanden und gestern abend zur Auffrischung seiner Kenntnisse noch einmal durchgeblättert hat. Die Lebensbeschreibung der Abgebildeten war darunter zu lesen gewesen, und auch da war das Todesjahr 1785 vermerkt. Ein Scherz also?
Der Kommissar ringt sich mühsam einen dürftigen Lacher ab, doch in der Miene des Grafen wird kein heiteres Einverständnis erkennbar. Eher scheint er leicht irritiert.

»Ich verstehe nicht«, sagt er.
Das verstehe überhaupt einer, denkt Kegel gereizt und stottert verlegen:

»Ich dachte nur, weil ... nun, weil die Dame auf dem Porträt schon so lange tot ist.«
Nun muß endlich die Aufklärung dieses absurden Geredes kommen, ein Wort des Grafen, das alles wieder ins Lot bringen wird, aber statt dessen kommt es noch schlimmer. Denn über die Züge des Grafen fliegt ein Schatten, etwas wie Trauer, und dann sagt er männlich gefaßt:

»Ja, ich weiß. Ich habe es gestern abend erfahren.«
Kegel glaubt, seinen Ohren nicht trauen zu dürfen. Was der Herr ihm gegenüber da eben von sich gegeben hat, ist so völlig jeder begreifbaren Realität enthoben, daß er, wie vor den Kopf geschlagen, dem Sog des Absurden erliegt und sogar noch darauf eingeht:

»Erst gestern abend? Ja, wo, um Himmels

willen, haben Sie denn all die Zeit verbracht?«
Und vernimmt, als sei es das Natürlichste von der Welt:

»Ich habe geschlafen.«

Nun ist es genug, endgültig genug! Wenn die vertraute Welt um einen herum ins Wanken gerät, muß man sich an das allein verbleibende Feste, an die behördlichen Vorschriften halten. Behördlich vorgeschrieben ist, daß man geboren sein muß und einen gültigen Ausweis bei sich zu tragen hat, der Tag und Ort des Ereignisses dokumentiert. An behördlich Beglaubigtem ist nicht zu rütteln. Wer jedoch keinen solchen Ausweis besitzt, muß damit rechnen, daß seine Existenz bezweifelt wird. Da der Graf aber in Person vor ihm sitzt, steht seine Existenz außer Frage. Zu zweifeln ist allenfalls an seinem Verstand. Dem Kommissar ist zwar außer den etwas merkwürdigen »Ihrs« und »Euchs« seiner Anreden und einigen Kleinigkeiten mehr nichts Verdächtiges in dieser Beziehung aufgefallen, aber wenn jemand allen Ernstes behauptet, vom Tode seiner 1785 verstorbenen Ehefrau sage und schreibe erst 1985 unterrichtet worden zu sein, weil er so lange geschlafen habe, kann bei ihm im Oberstübchen etwas nicht stimmen. Daten müssen ihm da durcheinandergeraten sein, und für Daten ist, wie gesagt, der behördlich vorgeschriebene Ausweis zuständig.

Kegel grapscht nach diesem einzig Verläßlichen in der Flut des Nebelhaft-Unwirklichen wie ein Ertrinkender nach dem Rettungsring. Aus gebotenem Feingefühl hat er die Personalienfrage bisher ausgespart, doch wenn hier noch etwas aufgeklärt werden soll, geht's nicht mehr anders.

»Dürfte ich einmal Ihren Personalausweis sehen?« platzt er heraus.

Die Sonne ist draußen auf ihrer Himmelsrunde weitergewandert, ein Strahl fällt voll durchs staubige Fenster und taucht das Gesicht des Grafen in blendenden Glanz.

»Damit kann ich Ihnen leider nicht dienen, mon cher«, erwidert er blinzelnd. »Zu meiner Zeit bedurften nur wandernde Handwerksburschen eines solchen Papiers.«

Zu seiner Zeit? In Kegels Ohren beginnt es zu rauschen, während er zu dem Grafen hinüberstarrt. Der hat jetzt die Augen geschlossen, scheint die Sonne zu genießen wie jemand, der sie lange Zeit hat entbehren müssen. Es ist ein männliches, ebenmäßiges Gesicht, dunkle Brauen, eine kräftige, gerade Nase, volle, in der Entspannung leicht geöffnete Lippen, dunkelblondes Haar ohne die leiseste Spur von Grau, keine Spur von Falten, das Gesicht eines Mittdreißigers allenfalls. Zu meiner Zeit?

Durch das Rauschen hört Kegel seine eigene Stimme, als ob da jemand anderes spräche:

»Wann sind Sie geboren, Herr Graf?«
Und ebenso hallt es wie von fern durch das Rauschen zurück:

»Siebzehnhundertzehn, wenn ich mich recht erinnere.«
Einen Moment bleibt es totenstill, dann stößt Kegel plötzlich polternd seinen Sessel zurück und veranlaßt dadurch den Grafen, die genüßlich geschlossenen Lider ein wenig zu heben. Er gewahrt den Kommissar auf fast fluchtartig wirkendem Rückzug zu einer offenbar ins Nebenzimmer führenden Tür. Auf der Schwelle ruft er fahrig über die Schulter zurück:

»Entschuldigen Sie! Bin gleich zurück!«
Kabolski verschwendet keinen Gedanken an sein merkwürdiges Gebaren. Er schließt wieder die Augen, denkt nur beglückt: »Wie gut die Sonne tut! Sie läßt einen selbst in diesen Amtsstuben spüren, daß man lebt.«
Im Nebenzimmer, einem schmalen, muffigen Raum, in dem sein Assistent amtiert, wenn er nicht gerade dienstlich abwesend ist – er ist es zum Glück –, drückt Kegel zuerst die Tür sorgfältig hinter sich zu, läuft zur gegenüberliegenden Flurtür, schließt sie gründlich zweimal herum ab und begibt sich erst dann im beruhigenden Gefühl völligen Ungestörtseins zum Telefon. Die Nummer, die er mit zittrigem Zeigefinger wählt, ist die des Amtszimmers des Polizeipräsidenten. Er ist mit seinem Latein am

Ende, ist an einem Punkt angelangt, an dem eine höhere Weisheit über den weiteren Fortgang der Angelegenheit entscheiden muß. Und als der hohe Herr sich meldet, müht er sich, das Unerklärliche in möglichst knappe Worte zu fassen.

Danach herrscht zäh sich dehnendes Schweigen am anderen Ende der Leitung, so daß Kegel schon glaubt, sein Scheitern ins Leere bekannt zu haben, doch dann läßt sich endlich die Stimme des Präsidenten vernehmen:

»Merkwürdig«, sagt er gedehnt, »sehr merkwürdig. Sie sind sicher, die Jahreszahl genau verstanden zu haben? Kein Irrtum möglich?«

»Ausgeschlossen!«

»Hm ... Und der Mann ... der Graf macht keinen auffällig wirren Eindruck?«

»Ganz und gar nicht.«

Das »Hm« wiederholt sich, auch das Schweigen. Ein intensiver Denkprozeß scheint im Gange zu sein, den die Frage »Sind Sie noch da, Kegel?« schließlich beendet.

»Selbstverständlich, Herr Präsident.«

»Haben Sie den Herrn über die mir berichteten Dinge hinaus schon nach weiteren Einzelheiten befragt? Zum Beispiel, wo er so lange geschlafen haben will?«

Natürlich, die Frage hätte nahegelegen, und Kegel spürt, wie ihm ob der sträflichen Unterlassung der Schweiß ausbricht.

»Nein, noch nicht. Dazu ... bin ich noch nicht gekommen.«
Das erwartete Donnerwetter bleibt aus.

»Sehr gut. Lassen Sie es einstweilen und bringen Sie den Grafen persönlich nach Herrenberg zurück. Nachmittags werden Sie ihn in Begleitung eines Psychiaters erneut aufsuchen, der sich als Ihr Assistent ausgeben und der weiteren Vernehmung beiwohnen wird, um einen verläßlichen, fachlich abgestützten Eindruck von der geistigen Verfassung des Herrn zu gewinnen. Ich denke, das wird uns ein bißchen weiter bringen. Im übrigen haben wir von der Voraussetzung auszugehen, daß der Herr zur entfernten Verwandtschaft des Herrn Regierungspräsidenten gehört, und daß Baron Hardekopf bis zum schlüssigen Beweis des Gegenteils aus begreiflichen Familienrücksichten absolute Diskretion bei der Behandlung des Falles wünscht. Verstanden?«
Kegel nimmt unwillkürlich die Hacken zusammen.

»Vollkommen, Herr Präsident!«
Er will schon auflegen, aber da kommt die Stimme nochmal:

»Noch eins, Kegel. Haben Sie den Eindruck, daß der ... hm ... Graf zu Gewalttätigkeiten neigen könnte? Ich meine, falls er keiner ist?«
Kegel denkt an den friedlich die Sonne genießenden Herrn nebenan. »Ausgeschlossen!«

will er sagen, doch dann fällt ihm etwas ein, und er sagt statt dessen:

»Ich glaube nicht. Immerhin hat er den Herrn Hunziger mit tödlichen Waffen bedroht.«

»Richtig. Das hatte ich nicht bedacht. Danke! Und, wie gesagt, kein Wort darf an die Öffentlichkeit dringen.«

»Jawoll, Herr ...«

Den »Präsidenten« kann Kegel sich sparen, denn der hat nun wirklich aufgelegt. Doch nur, um den Hörer erneut abzunehmen und sich mit der psychiatrischen Abteilung der Uni-Klinik verbinden zu lassen, mit deren Primarius Professor Fabian er bestens befreundet ist.

Während einen Stock tiefer Kegel Kabolski seiner beschaulichen Sonnenandacht entreißt und zum Wagen in den Hof hinuntergeleitet, ist oben ein Gespräch im Gange, in dessen Verlauf Professor Fabian verspricht, dem Kommissar einen tüchtigen Assistenzarzt als unauffälligen Begleiter und kundigen Beobachter beizugesellen, und sich darüber hinaus bereit erklärt, ein Transportgefährt mit zwei kräftigen Wärtern möglichst unbemerkt in die Nähe des Schlosses zu delegieren.

»Nur für den äußersten Notfall und um jedes Aufsehen zu vermeiden«, beendet der Präsident das Gespräch.

Siebtes Kapitel

So scheint alles bestens geordnet, aber wie fast immer in solchen Fällen verlaufen die Dinge dann doch nicht so, wie sie eigentlich sollen.
Was Wunder, daß Hubert aus allen Wolken fällt, als er an diesem selben Morgen bei einem Anruf in Herrenberg von Jakob erfährt, daß seine Fast-Verlobte Teresa keineswegs entführt worden ist und sich bei bester Gesundheit im Schloß befindet. Wer hätte ihn schließlich auch verständigen sollen? Hardekopf hat es selbst erst am frühen Morgen erfahren, überdies gehört Hubert für ihn noch nicht zur Familie, und Teresa hat nicht daran gedacht; sie ist vollauf mit anderen Gedanken beschäftigt gewesen.
Hastig legt er den Hörer auf. Das Nähere will er nicht von einem Domestiken, sondern von Teresa selbst und auch nicht am Telefon erfah-

ren. Doch als er Schloß Herrenberg erreicht, bietet sich ihm zu seinem Mißvergnügen weder sie noch Vetter Ferdi, sondern wiederum nur Jakob zur Auskunft an. Das heißt, anbieten ist nicht das treffende Wort. Nur widerwillig zeigt er sich bereit, seine Tätigkeit vorübergehend zu unterbrechen, die darin besteht, dem zur ersten Führung des Tages erschienenen Besuchergrüppchen das Eintrittsgeld abzuknöpfen. Es ist ein erfreulich zahlreiches Grüppchen, nicht jeder hat gleich passend ein Zweimarkstück zur Hand, auch einige Schloßbroschüren und Ansichtskarten werden erstanden, das Herausgeben bereitet Schwierigkeiten, Rechnen war nie Jakobs stärkste Seite, und außerdem muß er sich auch noch nebenbei auf seinen Vortrag konzentrieren. Immerhin verkörpert er sozusagen bei diesen Gelegenheiten in seiner stämmig-würdigen Person ein altes, nobles Geschlecht, dessen ruhmreicher Vergangenheit er nach Kräften neuen Glanz zu verleihen hat, und das schafft Verantwortlichkeiten.
Hubert hätte also keinen ungeeigneteren Augenblick für sein Erscheinen erwischen können, und nachdem Jakob das am Telefon bereits Vernommene wiederholt und durch den Hinweis ergänzt hat, alles übrige müsse er sich von den Herrschaften berichten lassen, da er selbst nicht dabei gewesen sei, fragt er rasch, bevor Jakob sich abwenden kann:

»Und wo sind die Herrschaften jetzt zu finden?«

»Jetzt?« Wenn auch halbwegs höflich übertüncht, läßt sich Jakobs Ungeduld nicht mehr überhören. »Das wird sich leider kaum machen lassen. Die gnädige Komteß beaufsichtigt drüben im Forsthaus-Restaurant die Vorbereitung eines Hochzeitsdiners und läßt sich ungern dabei stören, Baron Knitzewitz ist in die Stadt gefahren, und der Herr Graf ...«

Huberts Augen runden sich überrascht: »Was für ein Graf?«

»Graf Kabolski, der seit gestern abend hier wohnt.«

Nicht nur Huberts blond-kräuslig umrahmtes, braves Spätjünglingsgesicht, auch seine Stimme ist in Erinnerung an Hardekopfs Worte am Abend zuvor erblaßt.

»Kabolski? Aber das ... das ist doch nicht möglich!« stammelte er. »Der ist doch seit über zweihundert Jahren tot!«

Mit Jakobs Geduld ist nun endgültig Schluß. Wenn jemand die Familiengeschichte kennt, dann wohl er, aber wenn die gnädige Komteß erklärt, wie heute morgen geschehen, daß ein Graf dieses Namens, ein Familienmitglied, ihn zum Rasieren erwarte, ist für ihn damit jeder Zweifel behoben. Einer, der seit über zweihundert Jahren tot ist, hätte wohl auch kaum einer Rasur bedurft.

»Der Herr ist mir äußerst lebendig erschienen und befindet sich zur Zeit ebenfalls in der Stadt«, äußert er reserviert. »Wenn Sie auf die Herrschaften warten wollen, dann bitte neben der Halle im kleinen Salon. Jetzt aber ...«
Und bevor Hubert noch zu einer weiteren Frage ausholen kann, deutet er eine knappe, eben noch ausreichend respektvolle Verbeugung an, die für einen Moment den wie immer tadellos gezogenen Mittelscheitel ins Blickfeld rückt, zieht den wiedermal Falten schlagenden bräunlichen Rock über der Leibesfülle mechanisch glatt und fährt eiligst fort:

»... muß ich ergebenst um Entschuldigung bitten. Die Pflicht ...«
Die Pflicht entführt ihn alsbald an der Spitze des ihm wißbegierig folgenden Trupps, und das letzte, was Hubert außer einem kräftigen Räusperer von ihm hört, sind die ersten, noch ein bißchen steif abschnurrenden Worte seiner Führungslitanei:

»Die Anfänge der Burg reichen bis zum Jahr 1000 zurück. Genaueres weiß man zwar nicht, aber die Chronisten berichten ...«
Alles weitere geht im Scharren vieler Schuhe auf den Steinplatten des Fußbodens unter, und außerdem hört Hubert nicht mehr hin. Erstens kennt er die Geschichte Herrenbergs sowieso – als Anwärter auf die Hand einer Dame des im Schloß residierenden Geschlechts hat er sie,

schon halb zugehörig, gründlich studiert –, und zweitens drehen sich seine Gedanken um etwas ganz anderes, während er sich folgsam in den kleinen Salon begibt. Um diesen Grafen Kabolski nämlich und die Frage, warum Teresa, mit der er doch so gut wie verlobt ist, ihn nicht gleich, noch gestern abend, von der harmlosen Aufklärung ihres Verschwindens verständigt hat. Ihr mußte doch klar sein, daß er sich sorgte und vor lauter Sorge keinen Schlaf finden würde. Oder war die Aufklärung vielleicht doch nicht so harmlos, wie es hieß?

Er verweist sich solcherlei schändliche Gedanken sofort. Teresa ist eine Komteß, eine Dame, die weiß, was sie ihrem Stand schuldig ist, keins dieser jungen Dinger von heute, die auf ihr Recht auf Selbstverwirklichung oder wie das heißt pochen und es schlimmer als die Männer treiben. Gerade das hat er besonders an ihr geschätzt. Eine andere als eine harmlose Erklärung gab's also nicht, konnte es nicht geben. Nur war eben dieser Mann dabei in Erscheinung getreten, der ihn unverschämt bedroht und Teresa ins Schlafzimmer geschleppt hatte, als gehöre sie ihm.

Nicht nur die Unbequemlichkeit des antiken Sitzmöbels mit seiner steil aufragenden, den Rücken durch ihr Schnitzwerk malträtierenden Lehne, auf das er sich niedergelassen hat, ist schuld an dem Unbehagen, das ihn nicht zur

Ruhe kommen läßt. Der vage Verdacht, daß sich hinter all dem irgend etwas versteckt, das sich seinem Begreifen entzieht, ist nun einmal da, hält allen Versuchen, ihn zu verdrängen, zähe stand und verbindet sich noch dazu mit einer aus dem mysteriösen Dunkel mählich aufglimmenden Eifersucht.

So brütet er ungewiß vor sich hin, hört nach einer Weile, daß die Besucherschar wieder in der Halle vorübertrabt, dem Höhepunkt der Führung zu, hört abwesenden Ohrs Jakobs geübtdramatischen Bericht vom Bauernsturm und dem spurlosen Verschwinden des letzten, nein, nach neuesten Erkenntnissen des vorletzten Grafen Kabolski, bis ihn ein Ereignis auf dem Schloßhof aus seinem Brüten reißt und ans Fenster treibt.

Ein Wagen ist durch die Toreinfahrt gerollt, ein Herr steigt aus, zu weit entfernt, um trotz hastigen Brillenputzens sein Gesicht zu erkennen, aber der Rock und sein sonstiges Äußeres verraten deutlich genug, um wen es sich handelt: um den Mann, der gestern seine Verlobung verhindert hat.

Und falls es da wirklich noch Zweifel gäbe, schwänden sie schon im nächsten Moment, denn in der mit Schwung geöffneten Hintertür zur Forsthausküche erscheint prompt Teresa, als habe sie nur auf den Wagen gewartet, spricht mit dem Mann ein paar schnelle Worte, einige weitere in den Wagen hinein, und während der wendet und durchs Tor wieder rausrollt, verschwindet sie mit dem Mann durch die Tür.

So also ist das: Er, ihr so gut wie anverlobt, muß sich auf hartem Gestühl gedulden, während sie einen Fremden wie einen sehnlichst Erwarteten empfängt.

Hubert ist friedlicher Natur, aber alles hat seine Grenzen. Doch eben da liegt für ihn die Schwierigkeit. Die Erleichterung, die sich andere in Explosionen handgreiflicher Art verschaffen, ist ihm leider versagt. Wo andere nach harschen Worten lustvoll die Fäuste schwingen, schwingt er die seinen nur innerlich, wütet er im stillen. Nur zu gern täte er seinem Widersacher Schlimmes an, wenn ihn nicht angeborene Sanftmut und seine gute Erziehung hemmten. Es ist höchst peinlich, aber er kann nun mal nicht.

Jetzt ins Forsthaus hinüberzugehen würde ihn genau in diese peinliche Lage versetzen. Andererseits verlangt ihn immer dringlicher danach, eine Erklärung zu fordern, und Teresa in diesem Besuchern untergeordneten Ranges vorbehaltenem Salon zu erwarten ist ihm höchst zuwider. Weder entspricht es der Vorstellung von seiner Rolle als künftiger Schloßherr noch garantiert ihm der neben der Halle gelegene Raum die völlige Ungestörtheit, die er für sein

Gespräch mit Teresa braucht. Und das Gefühl, daß ein Dritter belauschen könnte, was er ihr sagen will, ist ihm unerträglich. Nein, dazu bedarf es einer Intimität, die ihm erlaubt, ganz aus sich herauszugehen und die rechten Worte zu finden, um der seinem Lebensglück vielleicht drohenden Gefahr zu wehren.
Und plötzlich kommt ihm eine kühne Idee. Am besten wär's natürlich oben bei ihr, im Wohn- oder noch besser, im Schlafzimmer. Frau von Hardekopf hat ihn zwar gestern belehrt, es sei unstatthaft für einen noch nicht mal Verlobten, das Schlafgemach der Dame seines Herzens zu betreten, aber besondere Zwecke fordern eben aus dem Rahmen des gesellschaftlich Gebotenen fallende Mittel. Nur, wie kam er dorthin, ohne dem Hauspersonal zu begegnen? Es wäre reichlich peinlich, Jakob, falls der ihn unterwegs ertappte, erklären zu müssen, was er ungebeten in den privaten Räumlichkeiten der Komteß suche.
Hubert ist schon dabei, angesichts so unerfreulicher Möglichkeiten seinen Plan aufzustecken, als ihm zur rechten Zeit noch etwas einfällt, das ihn wiederum zum Fenster treibt: die direkt aus dem Schlafzimmer in den Hof führende Wendeltreppe, die er gestern während der Nachforschungen nach Teresa erkundet hat. Wie er jetzt feststellt, wäre es ein leichtes, im Schutz der Linde ungesehen dorthin zu gelan-

gen, zumal die Forsthausfenster zum Hof, schmale, fast völlig von Efeu überwucherte, lukenartige Öffnungen, zu Vorrats- und sonstigen Nebenräumen gehören müssen, in denen unerwünschte Beobachter kaum zu vermuten sind. Es kam nur darauf an, daß das kleine Pförtchen nicht schon wieder verschlossen war. O Wonne, es war's nicht, es war noch offen, wie sich's erweist, als er ziemlich kurzatmig vor Aufregung die Klinke drückt. Und aufgeregt ist er, weil er an derart Abenteuerliches nicht gewöhnt ist. Als Sohn seines Papas findet er überall offene Türen und hat es nicht nötig, über Hintertreppen zu schleichen.

Hinter dem Pförtchen muß er sich erstmal an die Mauer lehnen, um zu verschnaufen und sich die schweißbedeckte Stirn zu wischen. Erst dann macht er sich entschlossen auf den Weg nach oben. An der Tür im Untergeschoß flitzt er so lautlos wie möglich vorbei, weil er dahinter eine weibliche Stimme und gleich darauf Jakob irgend etwas Unverständliches antworten hört – offenbar sind hier die Wirtschaftsräume –, hält erst vor der im Stock darüber an und öffnet sie mit beträchtlich klopfendem Herzen.

Andächtig bleibt er auf der Schwelle stehen. Dies also ist Teresas intimstes Reich! Gestern hat er es beim Suchen nach ihr schon einmal gesehen oder vielmehr nicht gesehen, da er anderes im Sinne hatte, und außerdem hatte es hier von aufgeregten Leuten nur so gewimmelt. Dafür sieht er's in aller Ruhe und Andacht jetzt.

Nach seinen spärlichen Erfahrungen mit Schlafzimmern von Damen hätte er sich dieses irgendwie femininer vorgestellt. Ein bißchen Frou-Frou mit Spitzengeriesel, Seidenglanz und einer Spur charmant-achtloser Unordnung. Er selbst ist bis aufs i-Tüpfelchen ordentlich und kann Unordnung nicht ausstehen, aber bei ihr wär's eine reizende kleine Schwäche, eine willkommene Scharte im blitzenden Harnisch ihrer Überlegenheit. Doch unordentlich ist hier nichts, und feminin sind nur die zartfarbigen, hellen Tapeten und Vorhänge und das Toilettentischchen mit dem zierlich goldgerahmten Spiegel darüber. Sogar das alte Bett aus dunklem Holz ohne Säulen und Baldachin sieht eher nach männlich-karger Liegestatt aus als nach dem Bett einer jungen, schönen Frau. Und doch ist da etwas wie Anmut im Raum, als habe die, die hier wohnt, ihn durch ihr Wesen geprägt.

Er atmet tief, dann tritt er feierlich gestimmt ein. Er hat noch nicht mit ihr darüber gesprochen – wie hätte er ein so delikates Thema auch anschneiden können, bevor sie noch nicht mal verlobt, geschweige denn verheiratet waren? –, aber wenn's erstmal soweit wäre, würde er auf einem gemeinsamen Schlafzimmer bestehen, und das würde dann dieses Zimmer hier sein. Doch bevor er sich die zu erwartenden Wonnen so recht vorstellen kann, vernimmt er plötzlich aus dem Wohnzimmer nebenan leichte Schritte, die einer weiblichen Person ohne Zweifel. Teresa kann's unmöglich sein. Wäre sie über den Hof gekommen, hätte er's durchs offene Fenster hören müssen. Also ist es Anna, das Zimmermädchen. Für die Flucht zur Wendeltreppe ist es zu spät. Wenn er nicht unters Bett kriechen will, bleibt ihm nur der stabile Kleiderschrank, und ein Hunziger im Schrank ist noch immer besser als einer unter dem Bett. Wenn auch nicht von altem Adel, müßte wohlfundierter Bürgerstolz seine Vorfahren schon beim bloßen Gedanken an solches Verhalten in ihren Gräbern rotieren lassen.

Aber auch im Schrank darf er sich noch nicht sicher fühlen, wie sich's alsbald erweist. Eben hat er die Tür hinter sich zugezogen, hockt im Dunkeln auf einem Wäschestapel zwischen allerlei von der Stange hängenden Kleidern, von Parfüm- und Lavendeldüften umschwebt, als er Anna hereinkommen, das Fenster schließen und dann auf einen Ruf Jakobs antworten hört:

»Ich komm' ja schon! Aber hinterher muß ich noch das Bett der Komteß beziehen!«

O Gott! Wenn der Wäschestapel unter ihm die Bettwäsche birgt, ist er geliefert! Erwischt zu werden ist peinlich genug. Im Kleiderschrank

einer Dame erwischt zu werden ist nicht nur peinlich, es ist schlimmer. Also raus, sobald Anna das Zimmer wieder verlassen hat, und zur Treppe zurück, solange noch Zeit ist!
Doch als er die Schranktür vorsichtig aufschiebt, zeigt ihm das einfallende Licht, was er in der Eile zuvor übersehen hat. Kasimir hat nach Verlassen der geheimen Kammer letzte Nacht nämlich die Rückwand des Schranks nicht wieder geschlossen, und Hubert gewahrt überrascht eine gähnende Öffnung, hinter der Stufen abwärts zu führen scheinen: eine Zuflucht, die ihm den Rückweg durchs Zimmer erspart.
Ohne lange zu überlegen, quetscht er sich ungelenk durch, stößt sich beim Aufrichten unsanft den Schädel an der niedrigen Decke und tastet sich noch zwei Stufen weiter nach unten. Wenn er hier bleibt, wird er hören können, wann die Luft oben wieder rein ist und er zu Teresas Empfang aus der Versenkung auftauchen kann. Andererseits gehört maßvolle Neugier zu seinen wenigen schwachen Seiten, und es reizt ihn zu erkunden, wohin die Treppe führt, die in einen Kleiderschrank mündet. Weder Teresa noch Ferdi hat ihm davon erzählt. Eine dieser Geheimtreppen muß es sein, wie sie sich oft in alten Schlössern finden und dem Zugang zu meist schaudervollen Örtlichkeiten dienen.

Ein kleiner Schudder überläuft ihn, während er sich mit den wohlgepflegten Händen an der rauhen, kalten Mauer in die Finsternis hinuntertastet, in der irgendwo die Stufen enden. Ist es ein Kerker, ein Verlies, in dem einst arme Gefangene einem grausen Tod entgegenschmachteten und womöglich noch als Gespenster umgingen?
Ein paar Stufen treibt es ihn noch hinter seinem Feuerzeugflämmchen her abwärts, bis er in dessen kümmerlicher Beleuchtung in der Seitenwand eine Nische entdeckt und zugleich schreckhaft erstarrt, weil aus der Tiefe ein Laut heraufdringt, der wie Schnarchen oder Röcheln klingt, wiederum von Stille gefolgt, die ihm nun unheimlich lebendig erscheint. Vielleicht hat ihm aber auch seine Phantasie einen Streich gespielt. Vorsichtshalber beschließt er, einstweilen in der Nische, vor der er steht, in Dekkung zu gehen. Weiter verlockt es ihn nicht – man kann ja nie wissen –, und vor allem will er ja hören, wenn das Zimmermädchen wieder den Raum verläßt. Und so unbequem sich's in dem engen Steingehäuse auch sitzt, die Müdigkeit nach der sorgenvoll verbrachten, schlaflosen Nacht und den Strapazen des Tages fordert ihr Recht, umschleicht ihn trotz aller Gegenwehr mit ihren immer dichteren Schleiern, bis ihm die Augen zufallen und der Schlaf ihn endgültig überwältigt.

Es ist alles andere als ein geruhsamer Schlaf, heimgesucht von allerlei Phantomen und gruseligen Erscheinungen, wie sie in alten Gemäuern und eigentlich längst vergessenen Kindermärchen zu Hause sind und den Schläfer von Schreck zu Schreck, von einem Schauder zum nächsten jagen, so daß sich ihm selbst noch im Schlaf die Haare sträuben. Bis ihn irgend etwas weckt, er weiß nicht was, ein beklemmendes Angstgefühl vielleicht, und er mit noch benebeltem, entsetztem Blick statt der geträumten Gespenster ein unzweifelhaft lebendiges, wirkliches vor sich sieht. Vom flackernden Schein einer Kerzenflamme aus dem Dunkel gehoben, schwebt wie körperlos ein Gesicht an seiner Nische vorbei, ein Gesicht, das er nur zu gut kennt, das Gesicht des Mannes, von dem Hardekopf gestern sagte, daß er seit mehr als zweihundert Jahren tot sei.
Was zuviel ist, ist zuviel! Auch ein strapazierfähigeres Nervenkostüm als Huberts wäre der Fortsetzung des Traums in die Wirklichkeit nicht gewachsen gewesen. Wie versteinert starrt er der in der Tiefe verschwindenden Erscheinung nach, erst allmählich kommt wieder Bewegung in ihn, treibt es ihn in stummem Grauen die Stufen hinauf aus dem Schrank, und dann stürzt er durchs Schlafzimmer und mit dem unablässig wiederholten heiseren Schrei »Ein Gespenst! Ein Gespenst!« die

Wendeltreppe hinunter zum Hof, mitten durch das entsetzt auseinanderstiebende Häuflein der sich eben zur zweiten Führung sammelnden Schloßbesucher und zum Tor hinaus. Erst da findet seine panische Flucht in den Armen eines stämmigen, weißbekittelten Mannes ein jähes Ende.

Der Mann gehört zur zweiköpfigen Besatzung eines unauffällig zwischen den Autos der Hochzeitsgäste auf dem Vorplatz des Forsthauses parkenden Krankenwagens und ist auf das Geschrei im Schloßhof hin ahnungsvoll in Aktion getreten.

»Nur ruhig Blut!« sagt er gemütlich zu dem vergeblich in seinen Armen Strampelnden. »Gleich gibt's ein kleines Spritzchen zur Beruhigung, und dann geht's ab zum Onkel Doktor.«

Was vermöchte Hubert schon gegen die geübten Griffe eines im Umgang mit widersetzlichen Patienten erfahrenen Mannes, zumal sich am Wagen ein zweiter Muskelprotz dazugesellt. Im Nu ist er aller Proteste zum Trotz ins Innere des Gefährts verfrachtet, und der erste kann sich mit der Weisung torwärts entfernen:

»Paß gut auf ihn auf, Karl. Ich sag' nur dem Doktor Bescheid, daß wir unsern Vogel schon haben.«

Achtes Kapitel

Gegen fünfzehn Uhr, eine gute Viertelstunde, bevor der falsche Vogel den Wärtern ins Netz geriet, ist Kommissar Kegel durch die Einfahrt des Torturms in den Schloßhof gerollt und hat im Rückspiegel den ihm bis dahin folgenden Krankenwagen noch weisungsgemäß zum Parkplatz vor dem Forsthaus einschwenken sehen. Dort soll er sozusagen als Eingreifreserve für den Notfall Posten beziehen. Neben ihm sitzt der vorübergehend zu seinem Assistenten beförderte junge Arzt, keineswegs traurig darüber, für eine Weile dem immer gleichen Stationsdienst entronnen zu sein und es mit einem den spärlich erhaltenen Informationen nach recht ungewöhnlichen Fall zu tun zu bekommen.

»Da wären wir«, sagt Kegel und hält im Schatten der Linde an. »Und vergessen Sie's nicht, Doktor. Das Fragen überlassen Sie mir. Sie beschränken sich auf's Beobachten und Ohrenspitzen.«

Jakob ist telefonisch auf ihr Kommen vorbereitet worden. Schon für die nächste Führung gerüstet, empfängt er sie im Vestibül, geleitet sie zu einem hinter der Halle gelegenen, Bibliothek genannten Raum, der dem verstorbenen einstigen Schloßherrn als Arbeitszimmer diente, wovon noch ein sichtlich häufig benutzter, für Mittagsschläfchen geeigneter Diwan zeugt, und verspricht, den Herrn Grafen Kabolski unverzüglich von ihrer Ankunft zu unterrichten. Mit dem »unverzüglich« klappt's nicht so recht. Jakob hat den Grafen zwar aus dem Forsthaus zurückkehren sehen – ohne die Komteß, die offenbar noch den Ablauf des Hochzeitsdiners überwacht, weil wichtige Persönlichkeiten der Stadt an ihm teilnehmen –, aber da er nicht allgegenwärtig sein kann, ist ihm entgangen, daß der Graf in die Geheimkammer hinuntergestiegen ist, um nach Hieronimus zu sehen. So sucht er ihn vergeblich in der verwinkelten Weitläufigkeit des Schlosses bis zu den Turmkammern hinauf, so daß er weder etwas von den Vorgängen auf dem Schloßhof noch vom Erscheinen eines stämmigen, weißbekittelten Mannes merkt, der sich ratlos im leeren Vestibül umsieht, schließlich durch ein kräftiges »Hallo! Ist da niemand?« Anna herbeizitiert und von ihr zu den wartenden Herren geführt wird.

»Wir haben den Mann!« verkündet er knapp.

»Wen?« fragen beide Herren verblüfft.

»Den Verrückten natürlich. Es wird wohl kaum zwei von der Sorte hier geben.«

»Kaum«, vermutet Kegel.

»Das kann man nie wissen«, zweifelt der Doktor erfahrungsschwanger. »Wie ist er Ihnen aufgefallen?«

»Er kam mit Gebrüll durchs Tor gestürzt, hat wie ein Wilder um sich geschlagen und irgendwas von Gespenstern und einem Grafen gebrabbelt. Wir haben ihn einstweilen ruhig gestellt. Wollen Sie ihn sich hier noch ansehen, oder sollen wir ihn gleich in die Klinik bringen?«

Kegel wirft einen fragenden Blick zum Doktor hinüber. Der hat noch keine Lust, so bald schon in den Stationsdienst zurückzukehren.

»Den Patienten kann ich mir auch später ansehen«, meint er. »Da sich die Hauptsache nun wohl erledigt hat, ist es für die Diagnose vor allem wichtig, festzustellen, was den Anfall verursacht hat. Schaffen Sie ihn also gleich in die Klinik.«

Als der Weißbekittelte fort ist, fügt er hinzu:

»Merkwürdig. Ihren Schilderungen nach schien mir der Mann ein Paranoiker ruhigen

Typs mit halbwegs intakter Persönlichkeitsstruktur zu sein. Aber bei solchen Leuten ist man vor Überraschungen niemals sicher.«

Nicht nur bei solchen Leuten, auch sonst ist man nie vor Überraschungen sicher. Denn Jakob hat endlich den eben das Schlafzimmer der Komteß verlassenden Grafen entdeckt, hat ihm die wartenden Herren gemeldet, und zwei Minuten später betritt Kabolski die Bibliothek.

Der Doktor kennt ihn nicht, aber an Kegels jähem Erstarren und maßlos verblüffter Miene erspürt er, daß sich Absonderliches begibt.

»Ihr hier, Herr Graf?« stottert der Kommissar. »Ich ... ich glaubte ...«

»Daß ich das Rendezvous mit Euch vergessen hätte?« Der Graf lächelt höflich. »Mais non, mon ami! Ich habe nur nach meinem ... hm ... von der Reise hierher noch ein wenig erschöpften Diener gesehen, und man hat mich nicht gleich gefunden. Und wer ist dieser Monsieur?« fragt er noch nach einem Blick zum Arzt.

Kegel ist es endlich gelungen, sich aus seiner Erstarrung zu lösen und auf leicht knieweiche Beine zu stellen.

»Mein Assistent«, gibt er kund.

»Ah, gut! Wie Euch beliebt! Dann laßt uns mit unserem Gespräch beginnen. Setzt Euch! Ihr seht ein wenig mitgenommen aus, wie mir scheint.«

Für den angeblichen Assistenten wird die folgende Stunde, in deren Faszination die bängliche Frage, wen nun eigentlich der Krankenwagen in die Klinik geschafft hat, fürs erste unerheblich wird, zur denkwürdigsten seines bisherigen Lebens. Da sitzt ein Mann, nein, kein Mann, zweifellos ein Herr, der erklärt, vor zweihundertfünfundsiebzig Jahren geboren zu sein, als sei das das Selbstverständlichste von der Welt, und ebenso selbstverständlich und mit lebendigsten Einzelheiten von seinem Dasein in jener Zeit berichtet: von Studien in Italien, von irgendeinem Krieg, in dem sich zwei noble Herren um die Nachfolge auf dem Thron Polens rauften, von Festen und Jagden am Hofe des fünfzehnten Ludwig in Paris. Er nennt Namen, längst vergessene oder noch von der Historie bewahrte, erzählt Anekdötchen, die man nicht erfinden, nur erleben kann.
Der Doktor hat Patienten erlebt, die sich für König Salomo oder die Jungfrau von Orléans hielten, ansonsten jedoch nichts Nennenswertes zur Bekräftigung ihres Anspruchs vorbringen konnten. Dieser hier kann. Nur eins kann er nicht: ein ordentliches behördliches Dokument vorweisen, das seine Identität mit jenem im März 1710 geborenen, im Register der alten Dorfkirche von Herrenberg enthaltenen Kasimir Kabolski, rechtmäßigem Sohn des Grafen Eberhard und seiner Gemahlin Chlothilde, be-

wiese, eine Eintragung, die Kegel mit Hilfe des Pfarrers aufgespürt hat. Daß das Sterbedatum des gräflichen Sprößlings dort nicht vermerkt ist und jener Kasimir während eines Bauernaufstands der Legende nach spurlos verschwunden sein soll, spricht weder für noch gegen den hier sitzenden Herrn, da in jenen Tagen mangelhafter behördlicher Aufsicht sicherlich so mancher unvermerkt, ja gar unbemerkt zu Tode gekommen ist. Was allein gegen ihn und für die Vermutung einer geistigen Verwirrung in seinem Oberstübchen spricht, ist die totale Unvereinbarkeit seines noch jugendlichen Äußeren mit seinem angeblichen Alter und das noch undurchdringliche Dunkel, das sich über die zweihundertvierzig Jahre seit seinem Verschwinden bis zu seinem gestrigen Wiederauftauchen breitet.
Kegel hat die Frage danach bisher aufgeschoben, weil er, selbst von den Erzählungen Kabolskis gefesselt, seinem psychiatrischen Assistenten Gelegenheit geben wollte, sich ein Bild vom geistigen Zustand des Mannes zu machen, eine Gründlichkeit, die ihm der besonders gelagerte Fall zu erfordern scheint. Aber nun hält er die Zeit für gekommen, diese entscheidende Frage zu stellen.

»Ein mir noch ein wenig rätselhaft erscheinender Punkt bleibt noch zu klären, Herr Graf«, nützt er eine entstehende Pause. »Sie

haben eben von Ihrer Rückkehr aus Paris gesprochen. Das muß doch wohl kurz vorm Aufstand Eurer Bauern 1745 gewesen sein.«
Kabolski denkt nach. Sein Blick verliert sich einen Moment in unbestimmten Fernen, dann folgt ein lässiges Schulterzucken.

»Mag sein. An das Jahr kann ich mich nicht genau erinnern. Ihr versteht ... die lange Zeit. Und den Aufstand habe ich verschlafen, sonst wäre er wohl anders ausgegangen.«

»Verschlafen?«
Kegel stochert mit dem Zeigefinger im Ohr, als habe er nicht recht verstanden, und der Doktor kriegt plötzlich hellwache Augen. Vielleicht zeigt sich hier endlich der erste feste Anhaltspunkt für eine krankhafte Geistesverfassung.
Der Graf nickt bestätigend und fügt wie beiläufig hinzu:

»Ja, ich habe nichts davon gemerkt, und von den Folgen habe ich erst gestern erfahren.«
Wie vom Tod seiner Frau! Es ist völlig unmöglich, noch viel unmöglicher als alles andere, und das ist bei Licht besehen schon unmöglich genug, aber er sagt es so, daß es sich ganz und gar möglich, ja natürlich anhört, und da Kegel ihn wie vor den Kopf geschlagen nur stumm anstarrt, dann wie geistesabwesend die Brille von der Nase rupft und wie besessen zu putzen beginnt, als hoffe er, dadurch mehr Klarheit in

die Sache zu bringen, fällt wider die Abrede, die ihm Fragen zu stellen verbietet, der Doktor ein:

»Und inzwischen? Was haben Sie inzwischen gemacht?«

»Geschlafen natürlich! Wie ich schon sagte.«

Es klingt irritiert, als finde der Herr es überflüssig, schon einmal Gesagtes zu wiederholen. Abgrundtiefe Stille tritt ein, eine Stille, wie sie nur das völlig Unmögliche, Absurde, Unglaubliche erzeugt. Selbst Kegel vermag durch die inzwischen gesäuberte Brille im Ungeheuerlichen dieser Erklärung kein Fünkchen Wahrscheinlichkeit zu erspähen. Zweihundertvierzig Jahre verschlafen, einfach so, wie andere ihren Acht-Stunden-Nachtschlaf absolvieren? Wer soll, nein, mehr noch, wer kann das glauben?

Momente, in denen selbst altgedienten Kriminalisten die Sprache wegbleibt, sind selten. Dieser hier ist so einer, in dem es kein Wort mehr zu geben scheint, das als noch so wackliger Steg über den Abgrund des Absurden dienen könnte. Und es ist dieser Augenblick, in dem krachend die Tür zur Halle auffliegt und in ihrem Rahmen Teresa erscheint.

Von Kasimir wußte sie, daß der Kriminalkommissar ihn nachmittags wieder aufsuchen würde, und nur das Hochzeitsdiner, verbunden mit dem tröstlichen Gedanken, daß ihm auch am Vormittag nichts Unerfreuliches widerfahren war, hatte sie davon abgehalten, sofort ins Schloß hinüberzulaufen. Doch dann hatte sie ein Anruf Hardekopfs erreicht, der sie unter dem Siegel strengster Verschwiegenheit über die Maßnahmen des Polizeipräsidenten unterrichtete: Ein Psychiater sollte den Kommissar begleiten und ein Krankenwagen bereitstehen, um Kasimir bei der kleinsten, auf geistige Abnormität verweisenden Aufsässigkeit zur Klinik zu bringen.

Einen Moment verharrt Teresa, nachdem sie im kleinen Büro neben der Forsthausküche den Hörer aufgelegt hat, regungslos neben dem Telefon, während sich unter ihren dunklen Locken die Gedanken jagen. Sie glaubt, Kasimir ein wenig zu kennen, vor allem aber kennt sie die unglaubliche Lage, in der er steckt, und kann sich vorstellen, wie er auf die Fragen der Besucher und sie auf seine Antworten reagieren werden. Daß es bei seiner Reizbarkeit zu Explosionen kommen kann, ist fast unvermeidlich, und dann wird man ihn wie einen Verrückten behandeln. Nur eine Möglichkeit gibt's, das zu verhindern.

Im Nu hat sie die um die Hüften gebundene Schürze entfernt, läuft, von erstaunten Blicken gefolgt, durch die Küche – viel ist ohnehin nicht mehr zu überwachen, im Saal ist man schon beim Dessert angelangt, jemand hält eine Rede, Gelächter schallt –, läuft über den Hof, nimmt sich nicht einmal Zeit, ihre Locken zu ordnen und langt vor der Bibliothekstür im gleichen Augenblick an, in dem von drinnen Kegels überschnappende Stimme schrillt:

»Aber das ist doch völlig unmöglich, Herr Graf! Sie können doch nicht so lange geschlafen haben!«

Es ist genau der richtige Augenblick.

Teresas Erscheinen – eine schlanke Gestalt in Jeans und weißem Leinenblüschen mit wirrem Gelock und vor Erregung geröteten Wangen –, verscheucht die gereizte Atmosphäre mit einem Schlag. Überrascht springen die Herren auf, Kasimir drängt die ihm schon auf den Lippen schwebende scharfe Antwort zurück, Kegel verbeugt sich voller Respekt, und der Doktor, ganz wohlgefälliges Auge, hat den Anlaß seines Hierseins vorübergehend vergessen.

»Entschuldigen Sie«, sagt Teresa, nun doch ein wenig verlegen. »Ich platze hier so herein ...«

Zweistimmig protestierendes Gemurmel erhebt sich. Die dritte Stimme, Kasimirs, fehlt.

»... aber ich glaube«, fährt sie, hastig die Worte überstürzend, fort, um unter Kasimirs kühlem Blick nicht den Mut zu verlieren, »daß ich dazu beitragen könnte, den Ihnen so rätselhaft scheinenden Fall zu lösen, wenn ich Ihnen

ein Geheimnis enthülle, von dem auch ich wie jeder andere im Schloß bis gestern nichts ahnte. Das heißt«, und nun nur zu Kasimir gewandt, »wenn Ihr gestattet, Graf, denn es ist schließlich Euer Geheimnis.«
Kabolski runzelt zögernd die Stirn, doch dann nickt er ihr zu.

»Wenn Ihr es für richtig haltet, ma chère. Ihr seid die Herrin dieses Hauses. Und da sich die Zeiten ohnehin sehr geändert haben ...«
Teresa atmet erleichtert auf.

»Gut. Dann bitte ich Sie, mir zu folgen. Ich hoffe, es stört Sie nicht, daß Sie durch meinen Kleiderschrank klettern müssen.«
Kriminalisten und für die Abgründe menschlichen Seelenlebens zuständige Ärzte sind Leute, die nicht so leicht ins Staunen geraten. Sie haben so viel Absonderliches erlebt und gesehen, daß sie je nach Temperament nur gelangweilt gähnen oder nachsichtig lächeln, wo normale Mitbürger vor lauter Staunen den Mund nicht mehr zukriegen. Hier jedoch kommen sie mit Gähnen und Lächeln nicht aus, nur merken sie es nicht gleich.
Es fängt ganz harmlos damit an, daß Teresa sie im Wohnzimmer auf das Porträt Bouchers hinweist. Boucher – der junge Arzt, der wie so viele seines Standes musische Neigungen pflegt und sich speziell für Malerei begeistert, weiß es präzise – hat zeitlich passend von 1703 bis 1770

gelebt. Auch die Ähnlichkeit des Porträtierten mit dem Porträt ist überzeugend, so daß beides gemeinsam durchaus als Beweis für die Behauptung des Grafen herhalten könnte. Andererseits könnte es eine zufällige Familienähnlichkeit oder eine geschickte, hochkünstlerische Fälschung sein. Die Sache bleibt somit in der Schwebe.

Auch das Krabbeln durch den Kleiderspind nötigt Kegel nur ein müdes Achselzucken ab. Er hat sich im Verlauf seiner Amtstätigkeit schon auf ganz anderen Wegen zum Kern eines Falles durchkrabbeln müssen, und daß es in den alten Schlössern der Gegend Geheimkammern gibt, ist dem Heimatkundler nur allzu bekannt. Ob der Graf oben im Turm oder hier unten zweihundertvierzig Jahre verschlafen haben will, ohne daß jemand davon wußte, erscheint ihm gleichermaßen unglaubhaft, besonders als er im Schein des fünfkerzigen Leuchters, den Teresa mit hinuntergenommen hat, des kargen Lagers ansichtig wird, auf dem der Dauerschlaf getätigt worden sein soll. Ja, wenn da so etwas wie sein eigenes gemütliches Bett zu Hause mit Plumeau und Federkissen stände, hätte sich schon eher darüber reden lassen. Wo also fängt endlich das von der Komteß versprochene Geheimnis an?

Es fängt an, als der Doktor, der sich, von kriminalistischen Fragen unbeschwert, neugierig umgesehen, den Brennofen und die Regale gemustert hat, von Teresa für einen Moment den Leuchter erbittet, um den Teil der Kammer zu erforschen, aus dessen Dunkel er ein leise röchelndes Atmen zu hören vermeint.

»Vorsicht!« hält ihn Kabolski zurück. »Ihr könntet meinen Diener wecken!«

»Euren Diener wecken?«

Der Doktor traut seinen Ohren nicht.

»Eben den«, bestätigt Kabolski. »Und übrigens auch seinen Hund. Es könnte vielleicht gefährlich sein, jemand vorzeitig aus dieser Art Schlaf zu wecken.«

Während sich Kegel hinzudrängt, um, auf die Zehen gereckt, über des Doktors Schultern in den Winkel zu spähen, hebt der junge Arzt neugierig den Leuchter so hoch, daß dessen sanft-ungewisser Schein auf den Strohsack, die unter der Decke sich abzeichnende Gestalt, das eisgraue, struppige Haar, die scharf aus dem mageren Gesicht springende Nase und auch auf den dicht an ihn gepreßten Vierbeiner fällt.

»Soll etwa auch der Bursche da die letzten zweieinhalb Jahrhunderte hier verschlafen haben?«

Die Verdoppelung macht den Fall noch unwahrscheinlicher. Gleich zweimal die gleiche Absurdität, gleich zweimal das Dornröschen-Märchen, nur daß es zur Abwechslung keine

Prinzessinnen sind, die auf den Kuß eines Prinzen warten. Oder macht's die Verdoppelung nicht doch wahrscheinlicher?
Des Doktors zweifelnde Miene verstimmt den Grafen.

»Wenn Ihr mir nicht glaubt«, bemerkt er kühl, »braucht Ihr nur wie mein Diener und ich ein Kostpröbchen dieses Pulvers zu schlucken.« Er wendet sich zu dem steinernen Tisch und hebt mit einem spöttischen Lächeln die verschlossene gläserne Phiole mit ihrem graugelblichen Inhalt ans Licht. »Es wird Euch restlos überzeugen.«
Den Doktor und Kegel beschleicht beim Anblick dieses im Kerzenlicht irrisierend schimmernden Gefäßes, in dem sich die ganze Seltsamkeit dieses Raums konzentriert, ein wunderliches Gefühl. Es warnt sie, auf Kabolskis verdächtig ironisch klingende Einladung einzugehen. Natürlich ist all das Hokuspokus, muß Hokuspokus sein, aber wenn nun doch etwas daran wäre? Der Alte dahinten schlief wirklich, und hatte der Graf nicht eben von »dieser Art Schlaf« gesprochen, die etwas mit diesem Pulver zu tun haben mußte? Wäre es so, könnte die allzu gründlich betriebene Entlarvung des Hokuspokus als Hokuspokus womöglich für sie zu nicht auszudenkenden Folgen führen. Nein, besser war besser, lieber nicht! Der Doktor wird in der Klinik gebraucht und betreibt zu-

dem zur Zeit einen vielversprechenden Flirt mit einer attraktiven Krankenschwester, der durch eine Unterbrechung von unbestimmter Dauer nur leiden könnte. Und Kegel muß an seine Karriere denken. Ein Schläfchen, und sei's nur ein kurzes von fünfzig Jahren, wäre ihr zweifellos hinderlich.

»Nun?« hakt der Graf nach. »Wie wär's, Messieurs, mit einem Pröbchen?«

Das »Nein, danke!« kommt zwiefach wie aus einem Mund.

»Immerhin«, fügt der Doktor wißbegierig hinzu, »würde es mich interessieren, was diese Phiole enthält.«

Kabolski blickt, nun ganz ohne Spott, nur nachdenklich, auf das Gefäß in seiner Hand.

»Ja, was enthält sie?« Es klingt, als frage er sich selbst. »Nun, einen wissenschaftlichen Irrtum, könnte man sagen.«

Bisher hat sich Teresa in der Hoffnung zurückgehalten, daß sich Kasimirs Geheimnis hier unten gleichsam von selbst enthüllen müßte. Jetzt aber spürt sie, daß sie sich einmischen muß. Sie hat nun mal die Enthüllung versprochen, und sie ahnt, daß die beiden Herren sich mit Kasimirs rätselhafter Erklärung nicht werden abspeisen lassen. Und solange nicht volle Klarheit herrscht, werden sie ihn für einen Hochstapler oder Verrückten halten und ihm keine Ruhe lassen. Was Kasimir jetzt aber vor allem braucht, um sich in diesem neuen Leben zurechtzufinden, ist die Ruhe einer normalen, behördlich beglaubigten Existenz. Deshalb sagt sie:

»Ein Vorschlag zur Güte, Graf. Gebt den Herren volle Aufklärung über Art und Wirkung dieses Pulvers, wenn sie versprechen, es für sich zu behalten, soweit ihr dienstlicher Auftrag es gestattet. Ich bin überzeugt, sie werden es tun.«

Und als Kegel sein Einverständnis kundtut, unter dem Vorbehalt natürlich, daß nichts Kriminelles zu verschweigen sei, wofür ja schon, fügt er eilig hinzu, die Beteiligung der Komteß garantiere, und Kabolski ebenfalls, wenn auch zögernd, Zustimmung nickt, erweitert sie ihren Vorschlag zu der Einladung, sich diesfalls wieder zur Oberwelt hinaufzubemühen, da die düstere Atmosphäre hier unten schon anfange, sich ihr aufs Gemüt zu legen.

Dafür wollen die Herren galanterweise nicht verantwortlich sein, und so versammelt sich die kleine Runde wie tags zuvor der Familienrat um den Wohnzimmertisch, um, nachdem Teresa von Jakob Erfrischungen hat bringen lassen, Kabolskis Erklärung entgegenzunehmen.

Es ist Erstaunliches, was die Herren zu hören bekommen, aber sie haben in den letzten Stunden so viel Erstaunliches gehört und auch man-

ches gesehen, was als Beweis dafür herhalten könnte, daß ihnen das Staunen fast schon vergangen ist.
Kabolski macht's kurz. Es handele sich um das neuerliche Scheitern eines Versuchs, das Geheimnis der ewigen Jugend zu ergründen, nach dem die Alchimisten seit undenklichen Zeiten forschten. Schon einmal habe Hieronimus, sein nachmaliger Famulus und Lehrer in den hermetischen Wissenschaften, einen solchen Versuch zu Zeiten Karls V. unternommen, der ihn vor den Häschern der Inquisition bewahrt habe. Auch damals sei das Experiment nur zur Hälfte geglückt. Es habe ihn zwar nicht altern lassen, ihm aber auch den Schlaf nicht erspart. In Bologna, wo er selbst während seiner Studienzeit mit ihm zusammengetroffen sei, habe er ihn als Diener zu sich genommen, sei als sein Adept in die Geheimnisse der großen ägyptischen Offenbarungen eingeweiht worden und habe ihn beim Verlassen Bolognas hierher nach Herrenberg mitgenommen. Unter seiner Leitung betriebene Forschungen hätten zu einer Veränderung der Zusammensetzung des Pulvers geführt, aber wie das Ergebnis zeige …
Er hebt die Hände zu einer flüchtigen Geste des Bedauerns.
Vor allem des Doktors hat sich während des kurzgefaßten Berichtes wachsende Erregung bemächtigt. Sein Gefühl sagt ihm, daß dieser

Mann ihm gegenüber am Tisch die Wahrheit spricht. Nicht von phantastischen Gaukeleien ist die Rede, sondern von Experimenten, die sich nachprüfen lassen. Ihn fasziniert der Ausblick auf sensationelle Entwicklungen auch im Bereich der Medizin. Warum sollte auch aus uraltem Wissen nicht Neues, bisher für unmöglich Gehaltenes entstehen? Hatte der Menschengeist nicht schon vieles vollbracht, was vor kurzem noch ein Wunder genannt worden wäre? Gingen Erdbewohner nicht auf dem Mond spazieren! Setzte man ihnen nicht künstliche Herzen ein, wenn die eigenen nicht mehr recht funktionierten? Beeinflußte man nicht schon die Gene ungeborener Kinder im Mutterleib? Warum dann nicht auch die Steigerung der Lebenserwartung bei jugendlicher Frische ins Ungemessene? Der modernen Chemie mußte es ein leichtes sein, die Formel des Pulvers zu analysieren, die Fehlerquelle aufzudecken, die ewige Jugend vom Dauerschlaf zu trennen.

In Hörweite Teresas und des Grafen behält er seine Gedanken für sich, aber als er nach dem aufregenden Kaffeestündchen im Wohnzimmer mit Kegel über den Schloßhof zum Wagen geht, muß es heraus. Ob er, Kegel, nicht auch der Meinung sei, daß solcherlei Dinge, wie sie sie eben erfahren hätten, trotz des gegebenen Versprechens an die Öffentlichkeit gehörten?

Er als Wissenschaftler und Arzt spüre jedenfalls die Verpflichtung, der Menschheit auf dem steinigen Wege zu Erkenntnis und Fortschritt einen bedeutenden Schritt voranzuhelfen.

»Na, kommen Sie erstmal in den Wagen«, erwidert Kegel gemütlich. »Sie müssen ja nicht gleich auf dem Hof Ihre schlimmen Absichten ausposaunen.«

Und als sie hinter der Windschutzscheibe nebeneinander sitzen und der Wagen langsam durch die massiv ummauerte Toreinfahrt abwärts rollt, fährt er fort:

»Ob das der Komteß gegenüber anständig ist, müssen Sie schon selbst entscheiden. Ich bin Kriminalist, ich hab's mit der Gegenwart und ihrer unerfreulichsten Seite zu tun. Aber eins weiß ich jetzt jedenfalls: Der Mann da drin, der Graf, ist weder ein Hochstapler noch verrückt.«

Erst in diesem Moment, bei diesem Wort fällt ihnen der falsche Vogel ein, den sie in der Annahme, es sei der Graf, in die Klinik hatten schaffen lassen. Unwillkürlich tritt Kegel auf die Bremse, und beide suchen mit den Blicken den Parkplatz ab, aber der Krankenwagen ist natürlich nicht da, auch die Hochzeiter sind mit ihrem Anhang verschwunden. Außer ein paar Wagen später Kaffeegäste ist nur Huberts schmuckes Kabriolett auf dem Platz vor dem Forsthaus verblieben. Aber das kennen sie nicht.

Allzu jäh vom steinigen Pfad in die Zukunft ins lästige Heute zurückbeordert, murmelt der Doktor bedrückt:

»Wenn man nur wüßte, wer der Kerl war …«

Kegel gibt wieder Gas und beruhigt:

»Ich fahr' Sie gleich an der Klinik vorbei, dann werden Sie's wissen. Irgendein Verrückter läuft immer herum.«

Teresa und der Graf sind im Wohnzimmer allein geblieben.

»Seltsam«, sagt sie wie träumend. »Schon als junges Mädchen hab' ich oft in diesem Zimmer mit Euch gesprochen.«

»Ich hoffe«, sagt er, »ich habe Euch gut unterhalten.«

»Nein … Euer Porträt dort an der Wand ist mir die Antwort immer schuldig geblieben.«

»Welche Antwort habt Ihr denn erwartet?«

Sie zuckt nur die Achseln. Im Nachmittagslicht, das schräg durch die geöffneten Fenster fällt, sieht es fast so aus, als steige ein Hauch Röte in ihre Wangen.

»Vielleicht versucht Ihr's einmal mit mir. Ich werde Euch die Antwort nicht schuldig bleiben.«

Sie sieht mit einem Lächeln zu ihm hinüber, dann senken sich die Lider mit den langen, dunklen Wimpern, wie um etwas zu verbergen, und sie schüttelt den Kopf.

»Nein. Später vielleicht. Erst müßt Ihr in Eurer neuen Welt zu Hause sein, und ich bin glücklich, daß Ihr Euer Geheimnis preisgegeben und damit den Anfang dazu gemacht habt. Jetzt kann ich Euch verraten, daß man Euch für verrückt hielt und ein Wagen bereitstand, Euch beim geringsten Anlaß in die Klinik zu bringen.«

»Klinik? Was ist das? Ein Narrenhaus?« Er lacht schallend auf. »Einen Grafen Kabolski?«

»Ob Graf oder nicht, das bleibt sich gleich. Verrückt ist verrückt. Die neue Zeit macht keine Unterschiede.«

»Deshalb also habt Ihr mich so gedrängt, diesen Leuten die ganze Wahrheit zu sagen?«

»Ja, deshalb. Jetzt werdet Ihr Ruhe vor Ihnen haben«, schließt sie plötzlich sachlich-kühl. Sie klingelt nach Jakob, der das Geschirr abtragen soll, dann tritt sie zum Fenster, um die Weiterführung des in eine gefährliche Richtung abschweifenden Gesprächs zu verhindern. Doch im nächsten Moment spürt sie, daß er hinter sie tritt. Schweigend blicken sie auf den stillen Hof, die von wildem Wein überwachsene Fachwerkfassade des Forsthauses hinaus, zu den runden, grauen Mauern des die Krone der Linde weit überragenden Bergfrieds mit seinem spitzen Schieferdach hinüber, auf dem die Sonne graue Lichter weckt, und dann hört sie dicht neben ihrem Ohr seine ruhige Stimme:

»Wenn ich nicht zum Gesindeflügel hinübersehe, könnte ich meinen, ich sei noch in meiner früheren Zeit, und meine Teresa stünde an meiner Seite.«

»Nur, daß es nicht Eure Teresa ist«, erwidert sie über den unruhigen Schlag ihres Herzens hinweg.

Hinter ihr bleibt es still. Sie spürt nur den Hauch seines Atems in ihrem Haar. Und dann sagt er doch, es ist nur ein Murmeln, nicht mehr:

»Die Welt kann ich nicht ändern, aber was Teresa betrifft – nun, was nicht ist, kann ja noch werden.«

Neuntes Kapitel

Huber Hunziger ist noch weit davon entfernt, sich den Weg in die nächste Zukunft mit ähnlich tröstlich-philosophischen Betrachtungen zu pflastern.

Vorläufig ist er erst auf einer kargen, mit Wachstuch bezogenen Liege aus seinem Beruhigungsschlummer erwacht und entdeckt sich erstaunt in einem kleinen, weißgetünchten Raum, der mit dem Handwaschbecken unter dem Spiegel, einem Glasschränkchen voller Instrumente, einem ebenfalls weißlackierten Schemel und sonst keinerlei Meublement verdächtig nach Krankenhaus aussieht. Wie er hierhergekommen ist und warum, entzieht sich völlig seinem Gedächtnis.

Noch total benommen, versucht er, sich aufzurappeln, und wirft dabei den neben der Liege stehenden Schemel um, worauf eine Krankenschwester ihren Kopf durch den Türspalt steckt, alsbald in ganzer, rotund-mütterlicher Person ins Blickfeld tritt, ihn mit betulicher Gewalt auf sein Lager zurückdrückt und beschwichtigend mahnt, er möge sich brav noch einen Moment gedulden. Der Arzt komme gleich.

Der Arzt? Was für ein Arzt? Von neuem bestürmt ihn eine wirre Fülle von Fragen, die sich erst einigermaßen klären, als der junge Doktor – Kegels angeblicher Assistent – sich neben ihn auf den Schemel setzt. Inzwischen hat er ergründet, wer der irrtümlich eingefangene Vogel ist, der Name Hunziger hat ihm unverzüglich den väterlichen Konzernboß ins Gedächtnis gerufen, der sich mit beträchtlichen steuersparenden Spenden zugunsten der Uni-Klinik als öffentlicher Wohltäter hervorgetan hat, und so kann es sich nur darum handeln, möglichst unbeschadet und unauffällig aus dieser peinlichen Klemme herauszukommen, um künftige Spendenfreudigkeit nicht zu dämpfen.

Man habe ihn, teilt der Arzt ihm mit, vor dem Schloß Herrenberg in außergewöhnlich erregtem Zustand angetroffen, und die Betreffenden hätten es für ihre Samariterpflicht gehalten, ihn der Klinik zuzuführen, um ihn in seinem Zustand vor möglichen Gefahren zu schützen. Es entspricht bis auf unerhebliche Kleinigkeiten der Wahrheit, klingt gut und hilft Huberts Erinnerungsvermögen wieder auf die Beine. Er könnte, falls der Arzt danach fragte, sogar Auskunft über die Ursache seiner Erregung geben. Aber der Arzt tut's nicht, weder während er Huberts Puls und Herzschlag abschließend kontrolliert noch bevor er ihn mit der Versicherung entläßt, es sei nun alles in schönster Ordnung. Schließlich wäre es auch irgendwie genierlich gewesen, in der Nüchternheit des Raums von etwas so Unmöglichem wie einem Gespenst zu reden.

Ohnehin ist ihm jetzt, während er die Treppe hinuntersteigt, bei näherer Betrachtung der Dinge beschämend klar, daß ihm sein sowieso nicht ganz sattelfestes Nervenkostüm, durch die schlaflose Nacht davor, seine Eifersucht und die Unheimlichkeit des Ortes, an dem er sich befand, überreizt, einen Streich gespielt haben mußte. Gespenster gab es nicht, als moderner Mensch hätte er sich das gleich sagen müssen. Die gespenstische Erscheinung hatte ihm seine verschreckte Phantasie vorgegaukelt, und daß es gerade dieses Gesicht war, das an ihm vorbeizuschweben schien, war weiter kein Wunder. Es war das Gesicht des Mannes, der ihm Teresa in dem Augenblick entführt hatte, in dem er sich ihrer hundertprozentig sicher glaubte. Und gerade in diesem Moment … jedenfalls muß die Situation schleunigst geklärt werden.

Aber wie? Sofort zum Schloß zu fahren und mit ihr zu sprechen wäre zweifellos das beste, wenn da nicht das dumpfe Gefühl in ihm rumorte, sich vor allem im Schloßhof scheußlich auffällig und ganz und gar nicht gentlemanlike benommen zu haben. Wenn sie ihn nun dabei gesehen hätte? In diesem Fall vor ihre schönen Augen zu treten, solange dieser Eindruck noch frisch war, wäre allzu beschämend. Zur Einziehung zweckdienlicher Erkundigungen blieb somit nur Ferdi übrig. Die Wohnung der Knitzewitzens in einer altmodischen Villa ist nicht weit entfernt, und wenn er Glück hat, trifft er ihn vielleicht sogar dort an.

Er hat. Ferdi ist ausnahmsweise zu Hause und hat gleichfalls einen zwar hoffnungsvoll begonnenen, im weiteren Verlauf jedoch recht unbefriedigenden Tag hinter sich. Zuerst hat er im Wettbüro erfahren, daß seine Favoriten bei den gestrigen Rennen in Auteuil wiedermal unter »ferner liefen« gelandet sind, ein Umstand, der sein schon angeschlagenes Monatsbudget bedenklich ins Wackeln bringt, ein Umstand aber auch, der ihm die Dringlichkeit vor Augen führt, mit der Verwirklichung der nachts entworfenen kühnen Pläne einen Anfang zu machen. Was er dazu braucht, ist nur ein bißchen Öffentlichkeit. Nicht zuviel – Namen vor allem müssen noch ungenannt bleiben – Hardekopfs Verlangen nach Diskretion und

Teresas Wunsch, Kabolski und sich vor zudringlichen Geschäftemachern zu schützen, sind einstweilen dagegen –, aber ein bißchen immerhin. Die bloße Tatsache, daß da jemand zweihundertfünfzig Jahre jung und knusprig verschlafen hat, dürfte fürs erste genügen, um Neugier zu wecken und Interessenten anzulokken. Ferdi kennt da einen Mann, einen Journalisten, der außer fürs Stadtblatt für eine hauptstädtische Zeitung schreibt und auch Verbindungen zum Fernsehen unterhält. Der mußte auf solche Sensation sofort fliegen.

Als er ihn nach stundenlangem Suchen endlich in einer Kneipe entdeckt, ist von Fliegen jedoch keine Rede.

»Nee, mein Lieber«, sagt er grienend, »mit Grimms Märchen können Sie mir nicht kommen. Wenn Sie mir so ein Ding ans Bein binden wollen, müssen Sie schon Roß und Reiter nennen!«

Schön wär's, aber eben das darf er nicht, und so läßt er ihn mit der patzigen Bemerkung sitzen:

»Ihr Pech! Eines Tages wird's Ihnen garantiert leid tun!«

Doch so schnell ist Vetter Ferdi nicht zu entmutigen. Außer um's Wohl der Familie geht's ja vor allem um sein eigenes; der Kerl hat ihn mit seinem »Roß und Reiter« wieder an sein Wett-Desaster und die dringende Notwendigkeit erinnert, seinen Finanzen aufzuhelfen, und

darum beschließt er, in ungestörter Ruhe zu Hause noch einmal die ganze Angelegenheit zu durchdenken, um an Hardekopfs und Teresas Bedenken vorbei einen gangbaren Weg an die Öffentlichkeit zu finden.
Er hat sich jedoch daheim kaum in seine bevorzugte Denk-Stellung begeben – halb in einem von Generationen von Knitzewitzens abgewetzten und eingesessenen Ledersessel versunken, die Füße auf dem Couchtisch, Zigaretten und ein Glas Sherry zur Hand –, als er auch schon vom Hausmädchen gestört wird, in dessen Gefolge Hubert erscheint; ein Hubert, dessen sonstige Eleganz ein wenig gelitten hat und der offensichtlich seines Rates bedarf.
Unter verständlicher Auslassung der Gespenster- und Klinikgeschichte berichtet er, er habe vergeblich versucht, mit Teresa über einen neu festzusetzenden Verlobungstermin zu sprechen, und wisse nun nicht mehr, was er von allem einschließlich des plötzlich aufgetauchten, dem Boucher-Porträt so ähnlichen Anverwandten halten solle.
In Ferdis Gemüt will sich angesichts seiner zerknitterten Ratlosigkeit schon Mitleid regen, schließlich hat er in ihm vor kurzem noch den pfleglich zu behandelnden Retter des Familienbesitzes gesehen, aber da kommt ihm auch schon der Realist in die Quere. Daß Teresa nach Kabolskis Erscheinen nicht mehr an eine Ver-

bindung mit Hubert denkt, liegt ziemlich klar auf der Hand, auch wenn sie sich vorläufig noch gegen geschäftliche Pläne in diesem Zusammenhang sträubt. Frauen sehen solche Dinge allzu gefühlsbetont; aber sie würde die Notwendigkeit schon erkennen, wenn der Termin zur Rückzahlung der Hypotheken sich bedrohlich näherte und Hubert nicht mehr bereit sein würde, Geld auszuspucken. Den letzteren Fall zu beschleunigen, liegt nun in seiner Hand. Nicht Beschönigung ist hier vonnöten, sondern die Schaffung klarer Verhältnisse. Die Frage ist nur, ob schonend oder gleich radikal mit dem Holzhammer. Als Mensch mit Herz entscheidet sich Ferdi für die schonende Tour.

»Sie fragen sich«, sagt er, »was Sie davon halten sollen? Tscha, Hubert, offen gestanden frage ich mich das auch.«

Hubert beugt sich auf der Kante des Armstuhls jenseits des Couchtisches beunruhigt vor.

»Ja, aber wieso denn? Ich meine ...«

»Momentchen!«

Ferdi rappelt sich aus den Tiefen seines Sessels hoch, begibt sich zu einem hübschen, biedermeierlichen Schreibschrank, einem Überbleibsel aus besseren Tagen, hinter dessen oberen verglasten Türen außer ein paar Büchern Flaschen und Gläser sichtbar sind, und kehrt mit einer Flasche und zwei Cognacgläsern zurück.

»Trinken Sie erstmal einen Schluck«, sagt er,

während er ihm ein gefülltes Glas über den Tisch zuschiebt. »Sie sehen aus, als ob Sie's brauchen könnten. Außerdem hilft es, die Probleme klarer zu sehen.«
Hubert läßt das Glas unbeachtet.

»Probleme? Was für Probleme? Es gibt ja keins. Es gibt nur eine leider im letzten Moment verhinderte Verlobung, die so schnell wie möglich nachgeholt werden soll.«

»Eben das ist ja das Problem.«
Hubert sieht mit verdutzt aufgerissenen Augen und halb offen gebliebenem Mund noch weniger geistreich aus als sonst, und Ferdi beginnt die schonende Tour ein bißchen mühsam zu finden.

»Die Sache ist die«, fährt er, dennoch zur Schonung entschlossen, fort, »daß Sie meine Cousine nicht gut und lange genug kennen, sonst wüßten Sie nämlich, wie sehr sie an dem Bild in ihrem Wohnzimmer hängt.«

»Was ... was hat denn das Bild mit der Verlobung zu tun?«

»Mehr, als Sie denken.« Ferdi seufzt und genehmigt sich zur Festigung seines Geduldsfadens einen Schluck. »Sie hat seit Jahren ein besonderes Verhältnis zu diesem Porträt. Man könnte fast sagen, sie sei in den Mann, den es darstellt, verliebt.«

»Haha!« Hubert bringt ein bemühtes, schnell wieder versandendes Gelächter zuwe-

ge. »Ich verstehe! Und da meinen Sie, wenn da einer kommt, der ihm ähnlich sieht ...«
Es ist grotesk! Wieder will ihm das Lachen aus der Kehle, aber es kommt nicht raus, weil Ferdi vorher allen Ernstes etwas total Absurdes sagt:

»Nicht ähnlich sieht, sondern es wirklich ist!«
Hubert starrt ihn sprachlos an und beginnt sich plötzlich nach dem übersichtlichen Klinikraum und dem netten Arzt zu sehnen.

»Es wirklich ...? Das ... das gibt's doch nicht!«
Sein Blick klebt an Ferdis Zügen auf hoffnungsvoller Suche nach winzigsten Andeutungen eines Lächelns, das eine humorige Laune verriete, doch Ferdi bleibt ernst, todernst.

»Tscha, dacht' ich auch«, bemerkt er, trübe nickend, »aber ...«
Hubert kommt ihm in fast hysterisch schrillem Diskant zuvor:

»Aber der Mann ist doch tot ... seit über zweihundert Jahren! Herr von Hardekopf hat es gestern selber gesagt!«
Ferdi stimmt wiederum düster zu.

»Ich weiß, aber er irrt sich. Woher soll er's auch wissen, er kennt ihn ja nicht. Der Graf ist so lebendig wie Sie und ich ...«
Schwärzliches wölkt vor Huberts Blick, ein Schauder kriecht ihm durchs Gebein, Schwindel befällt ihn. Wie Halt suchend grapscht seine

Hand nun doch nach dem Cognacglas, und während er es zittrig zum Mund führt, hört er noch Ferdis Stimme wie aus einer anderen Welt:

»... Er hat nur geschlafen. Und er sieht noch genauso aus wie auf dem Porträt. Sie haben ihn ja selbst erkannt.«

Das durch seine Kehle rinnende Feuer bewahrt Hubert eben noch davor, höchst unmännlich in Ohnmacht zu fallen. Zartbesaiteten Gemüts, ist er auf solche Strapazen nicht eingerichtet. Doch nun hat er gleichsam innerlich wieder einigermaßen Schritt gefaßt, und selbst, wenn er halbwegs bereit wäre, völlig Unmögliches und Unglaubliches als möglich und glaublich hinzunehmen, bleibt noch ein letztes Argument, das seine Hoffnung auf Teresas Hand neu belebt.

»Auch wenn's wirklich so wäre«, stammelt er, fiebrig bemüht, die rechten, überzeugenden Worte zu finden, »ich meine, wenn es so wäre, wie Sie behaupten – wie ... wie könnte sie sich dann mit ihrem eigenen Ururururgroßvater verloben?«

Leider bleibt ihm die erhoffte Wirkung versagt. Als habe er den Einwand erwartet, schüttelt Ferdi wiederum nur bekümmert den Kopf.

»Er ist nicht ihr Ururururgroßvater«, ergänzt er das Schütteln. »Sie ist überhaupt nicht mit ihm verwandt. Nur mit der einstigen Gräfin

Kabolski. Sie hat nach seinem Verschwinden irgend jemand anders geheiratet, und aus dieser Linie stammt Teresa.«

Stille breitet sich im Raum, eine Stille, wie sie mannhafte Einsicht ins Unabänderliche oder auch das Reifen großer Entschlüsse begleitet. In dieser Stille ist überdeutlich das scharrende Geräusch des über den Tisch geschobenen Glases zu vernehmen, von Huberts Ersuchen um neuerliche Füllung gefolgt.

Auf mannhafte Einsicht bauend, kommt Ferdi seinem Wunsch bereitwillig nach. Guter Cognac ist teuer, aber hier geht's um einen edlen Zweck.

»Gut«, grinst er, »man soll Gewesenem nicht unnütz nachtrauern. Was eben nicht ist, ist eben nicht.«

Aber es kann wohl doch nicht Einsicht, es muß das Reifen eines großen Entschlusses gewesen sein, denn Hubert greift sich das Glas, nippt nicht, kippt den Inhalt ohne Zaudern in sich hinein, knallt das Glas wieder auf den Tisch, schiebt's ihm zu neuer Füllung zu und kippt auch die wortlos hinunter.

»Sie irren, Ferdinand«, erwidert er dann, leicht sprachlich gehemmt. »Der Graf hat mich zum Duell gefordert. Ich habe mich eben entschlossen, seine Forderung anzunehmen. Ich werde um Teresa kämpfen!«

Ferdi starrt ausnahmsweise sprachlos hinter

ihm her, während Hubert gemessenen, wenn auch leicht schwankenden Schritts in die Diele entschreitet. Und es beeinträchtigt die den Umständen entsprechende Würde seines Abgangs in keiner Weise, daß er irrtümlich zuerst in der Besenkammer verschwindet, bevor er den Ausgang zur Straße findet.

ZEHNTES KAPITEL

Alles braucht, wie man weiß, seine Zeit: sich in einer total veränderten Welt zurechtzufinden ebenso wie einen Weg auszuknobeln, um etwas, das vorderhand noch geheim bleiben soll, so geheim wie möglich an die Öffentlichkeit und vor allem zur Kenntnis finanzkräftiger Interessenten zu bringen. Und genauso braucht es seine Zeit, fechten zu lernen, gut genug, um sich mit Anstand und einiger Aussicht auf Erfolg duellieren zu können. Denn Fechten soll es sein: Hubert hat sich dazu entschlossen. Pistolen sind auf eine ordinäre Art zu laut und können, auch versehentlich, zu allzu endgültigen Resultaten führen. Fechten ist eleganter und entspricht mehr dem romantisch verklärten Bild, das ihm von seiner Person als todesmutigem Herausforderer um Teresas Hand vor Augen schwebt.

Ein tüchtiger Fechtmeister wird also in der Stadt gesucht und gefunden, doch Huberts Fortschritte lassen trotz heißen Mühens zu wünschen übrig. Er kommt mit all den komplizierten Paraden und Finten, den Primen, Terzen und Quarten nicht zurecht, obwohl er, wo er geht und steht und die Möglichheit dazu hat, fleißig übt, daheim vor dem Spiegel und zuweilen sogar im Büro, wo er sich zum Staunen der Sekretärin eines Lineals als Degen und des Garderobenständers als allerdings wehr- und reaktionslosen Widersachers bedient.
In Würdigung seiner nicht eben überwältigenden geschäftlichen Gaben hat Papa Hunziger ihn nach dem Studium zur Eingewöhnung in den Betrieb vorerst mit der Leitung des in den unteren Regionen des Konzerngebäudes fernab von der Geschäftigkeit der Hauptbüros untergebrachten Archivs betraut, aber allmählich spricht sich Huberts gelegentlich sonderbares Gehaben doch bis in die oberste Direktionsetage herum, und als er eines Tages auch noch humpelnd zum Dienst erscheint, weil er sich beim Unterricht versehentlich selbst in den Fuß gestochen hat, hält es Hunziger senior für geboten, den Sohn telefonisch zur abendlichen Audienz in sein häusliches Arbeitszimmer zu beordern.
Die Sache hat insofern ihren Sinn, als sich die häusliche Gemeinsamkeit von Vater und Sohn

im allgemeinen auf gelegentliche gemeinsam eingenommene Mahlzeiten beschränkt, da der Konzernboß sich zumeist auf geschäftlichen Reisen befindet und Hubert sich in seinen Mußestunden in Ferdis Gesellschaft auf seine künftige adlige Lebensart vorbereitet. Jedenfalls bis vor wenigen Tagen.
Hunziger empfängt den Sohn, wie er ihn nicht anders in seinem Stadtbüro empfangen hätte: wuchtig hinter dem Schreibtisch thronend, die nur von einem angegrauten Haarkranz umrundete Glatze spiegelnd im Kronleuchterlicht, die Fingerspitzen über dem obersten Westenknopf zusammengelegt, die Augen hinter den scharf blitzenden Gläsern der randlosen Brille mißbilligend auf ihn gerichtet.

»Setz dich«, sagt er. »Du brauchst mir nichts zu erzählen, ich bin orientiert. Außerdem habe ich für Dummheiten keine Zeit. Also zur Sache! Ich habe deine Absicht, die Komteß Hohenberg zu heiraten, gutgeheißen und unterstützt, weil ich in dieser Verbindung mit einer der ersten Familien des Landes, der auch der Regierungspräsident angehört, geschäftlich wie gesellschaftlich Vorteile sehe. Ich habe sie nicht gutgeheißen, um dich zu einem albernen Duell mit einem offenbaren Hochstapler zu veranlassen, bei dem du ohnehin den kürzeren zögest, wie das Ergebnis deiner Fechtkünste zeigt ...«

»Ein bedauerliches Versehen«, beeilt sich Hubert einzuflechten, »das sich in Zukunft nicht wiederholen soll.«

»Schon deshalb nicht, weil du diese törichte Spielerei sofort einstellen wirst«, bemerkt Senior knapp. »Uns steht eine weit bessere Waffe zur Verfügung.«

Leicht über die Tischkante gebeugt, wischt er mit einer Handbewegung Huberts versuchten Protest beiseite und fährt fort:

»Nimm zur Kenntnis, daß sämtliche auf Schloß und Gut Herrenberg lautende Hypotheken heute nachmittag aus dem Besitz der Bank in den unsrigen übergegangen sind. Falls die Komteß wirklich versucht sein sollte, sich aus welchen Gründen auch immer nicht an die getroffenen Abmachungen zu halten, dürfte sie intelligent genug sein, sich angesichts dieser Sachlage und des nahenden Zahlungstermins eines Besseren zu besinnen! Im übrigen habe ich Baron Hardekopf als Haupt der Familie den veränderten Sachverhalt bereits brieflich mitgeteilt. So ...!«

Er stößt den Schreibtischstuhl zurück und erhebt sich, ein bißchen füllig für seine nur mittelgroße, aber alles in allem imposante Statur.

»Ich sehe, du hast nichts einzuwenden. Es wäre auch zwecklos. Morgen fliege ich für einige Tage nach London und erwarte, daß du dich inzwischen im Büro weniger auffällig verhältst

und dich um deine Verlobte kümmerst. Gute Nacht!«
Hubert sieht ihm betreten nach. Die Gespräche mit dem Papa enden meist so abrupt, weil er nichts verstanden hat. Dabei hätte er fast immer was einzuwenden. Auch jetzt. Nur fällt es ihm niemals rechtzeitig ein. Hinterher weiß er genau, was er hätte sagen können und sagen wollen. Er staunt selbst jedesmal über seine aufgestaute, nun frei sprudelnde Eloquenz, nur daß niemand mehr da ist, den sie zu überzeugen vermöchte. Hier wäre zum Beispiel einzuwenden gewesen, daß das, was der Papa unternommen hatte, eine Art schnöder Erpressung war, die Teresa nur noch weiter von ihm entfernen würde, aber ihm schwant auch, was er als Antwort zu hören bekommen hätte: daß auf noble Art keine Geschäfte zu machen seien, und daß die Verbindung mit einer solchen Familie vor allem ein Geschäft und nichts anderes sei.
Er seufzt bedrückt, seine Finger suchen zupfend an der spärlichen Bartkrause moralischen Halt. Wie gut hatte sich alles doch angelassen, bis dieser angebliche Kabolski aufgetaucht war. Nun blieb ihm nur die Hoffnung, daß man ihn eines Tages als Betrüger entlarvte. Falls das überhaupt eine Hoffnung war …

Allenfalls flüchtig hat Teresa in diesen Tagen

des armen Hubert gedacht. Sie schwebt innerlich wie auf einem rosaroten Wölkchen des Glücks dahin, ein Zustand, den sie sorglich vor aller Augen und, soweit möglich, auch vor sich selbst verbirgt. Letzteres, weil sie sich über ihre Gefühle für Kasimir noch nicht einig ist. Die Sache ist kompliziert, da sich die Frage, ob dieser so überraschend aus ihrem Traum heraus in die lebendigste Wirklichkeit getretene Mann wirklich der ist, von dem sie geträumt hat, nicht so einfach beantworten läßt. Das Ja ihres Herzens ist zwar unüberhörbar, aber kann man dem Herzen trauen, wenn der Verstand sich immer wieder mit leisen Zweifeln einmischt? Zweifeln, die sich nur von dem Wenigen nähren, was sie aus seiner Vergangenheit weiß. Schließlich ist er in diesem früheren Leben nicht gerade ein Heiliger gewesen. Die Teresa von damals konnte bestimmt ein Lied davon singen, aber – und da rührt sich alsbald der Zweifel am Zweifel – vielleicht hatte es auch mehr an ihr als an ihm gelegen, und überhaupt – als Heiligen hatte sie sich ihren Traummann gewiß nicht gewünscht.
Sie spürt einen Hauch prickelnder Glut in den Wangen, Folge einer sanften Verwirrung, die sie bei dieser Feststellung beschleicht. Und schon schwebt sie wieder per Wölkchen auf und davon und läßt die Zweifel hinter sich. Sie stören nur, und außerdem kann man ihn für Ver-

gangenes nicht haftbar machen. Nach zweieinhalb Jahrhunderten ist es sowieso so gut wie verjährt.
Die Gegenwart scheint es schönstens zu bestätigen.
Nach seiner ersten Stadtfahrt mit Kegel, bei der noch alles zu neu und er noch nicht neugierig genug gewesen war, sich mit all dem Unbekannten einzulassen, hat Kasimir sich fürs erste brav auf die theoretische Erforschung seiner Umwelt durch Lektüre der täglich ins Schloß gelieferten Zeitung beschränkt, und Teresa fällt die Aufgabe zu, seine beträchtlichen Wissenslücken in puncto Gegenwartskunde zu füllen. Sie hat viel zu füllen, es reißt nicht ab.
Zwischendurch hat sie sich auch um ihre Pflichten als Schloßherrin zu kümmern und ab und zu am Telefon neugierige Fragen der Damen Hardekopf oder Knitzewitz, wann denn nun eigentlich die verschobene Verlobung nachgeholt werde, möglichst ausweichend abzuwimmeln. Irgendwann … Es sei noch nicht darüber gesprochen worden … die Gelegenheit habe sich noch nicht ergeben … Sie sage Bescheid, sobald … Ginge es nur nach ihr, gäbe sie weit weniger ausweichend Auskunft, aber da lauert die Bank mit den Hypotheken im Hintergrund, und was kann sie in ihrer Bedrängnis sonst schon tun, als sich ins Unbestimmte zu flüchten?

Erholsamer, weil ungestört, sind da die kleinen Spaziergänge, die sie mit Kasimir ums Schloß herum unternimmt, aber auch da sind Fragen zu beantworten. Warum, zum Beispiel, der Gesindeflügel nach so langer Zeit noch immer nicht wieder aufgebaut sei?

Teresa zuckt leicht die Schultern. Über die Gründe der ersten Generationen nach dem Bauernsturm könne sie sich nicht äußern, erklärt sie, da wisse sie nichts. Vermutlich hätten sie es nicht für nötig gehalten oder Wichtigeres zu tun gehabt. Und später, zumindest von ihrem Großvater an, hätte den Hohenbergs das nötige Kleingeld dafür gefehlt. Seitdem die Bauern selbst Landeigner wären, seien die Pachtgelder ausgefallen, die Waldwirtschaft allein habe nicht genügend eingebracht, sei wohl auch nicht energisch genug in Angriff genommen worden, und das gräfliche Vermögen habe dem beibehaltenen feudalen Lebensstil leider nicht standgehalten.

»Und was hat Euer Großvater da gemacht?«

»Schulden«, erwidert Teresa schlicht.

Weshalb soll sie's auch nicht sagen? In der Familie hat sie immer von Schulden gehört, man schien sie nie sonderlich ernstgenommen zu haben, und warum soll er, der schließlich, wenn auch ein bißchen entfernt, Familie ist, nichts davon erfahren?

Für Kasimir ist es noch immer ein bißchen verwunderlich, sie über Dinge reden zu hören, von denen Mädchen seines Standes früher keinen blassen Schimmer zu haben pflegten, ganz abgesehen davon, wie sie sich mit ihrer prekären Lage abfand. Wie hätte sich wohl die andere, seine Teresa, in solcher Situation angestellt? Er kann sich's nur allzu gut vorstellen. Die Farfano-Cavallazzi waren reich gewesen, an Geld hatte es Teresa nie gefehlt, und sie hätte Zeter und Mordio geschrien, wenn sie es nicht mit vollen Händen hätte ausstreuen können.

»Und Euer Vater? Was hat der gemacht?« forscht er weiter.

»Auch Schulden.« Es klingt in ihrer hübschen, hellweichen Mädchenstimme wie selbstverständlich, und nur aus dem, was folgt, ist eine Spur Bedauern herauszuhören: »Und die schönen, alten Möbel aus dem oberen Festsaal und den Fürstenzimmern hat er verkauft.«
Kasimir nickt. Er weiß schon Bescheid.

»Ich bin gestern oben gewesen, während Ihr im Forsthaus wart. Die Türen waren verschlossen, aber die Schlüssel steckten, und so habe ich mich umsehen können.«
Er hatte plötzlich etwas wie Sehnsucht verspürt, einen Blick in die Vergangenheit zu tun, von der in den noch bewohnten unteren Räumen außer ein paar Gobelins an den Wänden und den Schaustücken für zahlende Besucher in Halle und Waffenkammer wenig geblieben

war, aber es war eine herbe Enttäuschung gewesen. Nur leere Räume hatte er gefunden, nur der Rahmen war geblieben – die reichgegliederten Stukkaturen der hohen Decken, die eichenen Vertäfelungen, die kunstvoll mit Intarsien verlegten Parkettfußböden –, aber der Inhalt war verschwunden und mit ihm das Leben von einst. Selbst den weißglasierten, mit goldenen Schnörkeln verzierten Tonofen im Schlafzimmer seiner Mutter, in dessen bauchiger Rundung kleine Reliefs die Heilige Geschichte erzählten, hatten sie aus dem Boden gebrochen und seinen Standort nur lose mit staubigen Brettern überdeckt. Wenigstens diese aufgerissene Wunde hätten sie wieder schließen können ...

Sie haben die Kuppe eines Nachbarhügels erklommen und blicken über das flache grüne Tal zum Schloß hinüber. Die Trümmer des Gesindeflügels sind von hier aus nicht zu sehen. Unversehrt wie eh und je ragen zwischen alten Bäumen die hohen grauen Mauern des Palas auf, daneben die niedrigere, zum Kavaliershaus führende Galerie, ein Stück der Wehrmauer mit dem viereckig-kantigen Mauerturm, das Kapellentürmchen dazwischen und hoch über allem der Bergfried, der unter seinem Spitzdach Hunderte von Jahren hindurch den Stürmen der Zeit widerstanden hat.

»Schön, nicht?« sagt Teresa, ohne den Blick

zu wenden. »Zu Eurer Zeit muß es genauso ausgesehen haben.«
Er ist hinter ihr stehengeblieben. Sein »Ja« klingt abgelenkt, weil seine Aufmerksamkeit vom Schloß seiner Väter zu ihrer reizvollen Rückansicht abgeirrt ist. Es ist verzeihlich und liegt an den enganliegenden, langen Röhrenhosen, aus unerfindlichen Gründen Jeans genannt, wie er schon weiß, die er auch in der Stadt bei jungen Mädchen gesichtet hat, und die in Teresas Fall keinen Zweifel am schlanken Ebenmaß ihrer Hüften und Beine lassen. Und statt sich in der Vergangenheit dort drüben zu ergehen, fragt er sich, so mit der Gegenwart konfrontiert, ob sich in dieser modischen Neuerung etwa ein Wandel des Zeitgeistes zeige, eine neue Ehrlichkeit, wie sie auch sonst zum Wesen dieser Teresa gehört.
Die andere Teresa, zum Beispiel, hätte sich nie so gezeigt. Nicht, daß sie es hätte scheuen müssen, sondern weil die Verhüllung zu den Reizmitteln ihres Geschlechts gehörte. Nur voll aufgetakelt und beflaggt wie eine auf große Fahrt auslaufende Galeone war sie aus ihren Gemächern aufgetaucht, während dieses Mädchen vor ihm offenbar nicht das geringste tat, um irgend jemand zu gefallen, sah man von dem weißen Seidentüchelchen ab, das sie vielleicht in einer Anwandlung von Koketterie um den Hals geknüpft hatte.

Und unvermittelt überrascht ihn das Verlangen, sie in die Arme zu nehmen und ihre Kühle zum Schmelzen zu bringen. Es ist nicht das erstemal. Schon einmal hat er es gespürt, in der Geheimkammer unten, aber da war's ihm noch nicht ernst gewesen, die Ähnlichkeit mit der anderen Teresa hatte verwirrend mitgespielt, der Reiz des kleinen Abenteuers. Jetzt ist es irgendwie anders. Ein Gefühl ist dabei, das er noch nicht zu deuten weiß.
Plötzlich wendet sie sich zu ihm.

»Ich muß ja zurück! Im Forsthaus nach dem Rechten sehen! Bleibt oder kommt mit! Wie Ihr wollt!«
Und schon läuft sie flinkfüßig den stolprigen Hang zwischen lichtem Gehölz hinunter. Einen Moment sieht er ihr unentschlossen nach, dann treibt ihn das noch undeutbare Gefühl, ihr zu folgen, wenn auch nicht ganz so flinkfüßig wie sie. Der lange Schlaf muß ihn Kondition gekostet haben.
Als sie unten wieder beisammen sind, sagt er spöttisch lächelnd:

»Eine Komteß Hohenberg in der Küche! Wer wäre früher auf eine so absurde Idee gekommen?«
Sie läßt sich den Spott gutgelaunt gefallen.

»Früher bestimmt nicht. Aber den Hohenbergs pumpt jetzt niemand mehr etwas, und

auch die Forsthausküche bringt über den Pächter Geld ins Haus.«
Sie schweigen hintereinander her, während sie auf schmalem, nun steil aufwärts führendem Waldpfad dem Schloß zustreben. Und dann ist bei Kasimir plötzlich dieses Gefühl wieder da, stärker als zuvor. Nicht plötzlich eigentlich, sondern so, als habe es nur hinter einer Seelenecke gelauert, um sich erneut und mit Nachdruck und natürlich in einem zumindest äußerlich höchst ungeeigneten Moment zu melden und zu Taten zu drängen. Ist das Glück einem hold, mischen sich dann höhere Gewalten oder was immer es ist kupplerisch helfend ein. Hier, zum Beispiel, passiert dergleichen. Teresas sonst so sicherer Fuß verheddert sich an einer unter trockenen Blättern versteckten Wurzel, sie strauchelt, findet nicht gleich Halt und landet statt auf dem harten Boden in Kasimirs hilfsbereiten Armen.
Alles weitere geschieht, wie nicht anders zu erwarten. Er braucht die im ersten Moment Verdutzte nur an sich zu ziehen, küßt sie und spürt, wie sich ihre anfangs geschlossenen Lippen ein wenig öffnen, nachgiebig werden, spürt beglückt, wie sie seinen Kuß erwidern, und wie sich endlich auch ihre Arme zögernd zuerst, dann fest um ihn schließen.
Es ist, als habe sie dies seit langem erwartet. Die Woge des Glücks, die in ihr hochschwappt,

schwemmt die letzten Hemmnisse, die letzten Zweifel daran beiseite, daß dieser Mann wirklich der Mann ihres Traumes ist. Und als sie sich endlich, um wieder zu Atem zu kommen, voneinander lösen, bringt sie nur ein Wörtchen über die Lippen, flüstert nur »Du«, und er lächelt den braunen, zärtlichen Augen zu und sagt leise:

»Ich wünschte, ich wüßte hier irgendwo von einem verborgenen Schatz. Ich würde ihn mit eigenen Händen aus der Erde graben und ihn dir schenken, um dir die Forsthausküche und diese Horden zahlender Schloßbesucher zu ersparen.«

Sie schüttelt leicht den Kopf und erwidert:

»Hier gibt es keinen verborgenen Schatz. Wenn es einen gegeben hätte, hätte mein Großvater oder mein Vater ihn längst aufgestöbert und sicherlich weniger Schulden gemacht.«

Und damit hat die Wirklichkeit sie wieder, aber eine andere, beglückende Wirklichkeit, denn während sie miteinander weitergehen, Hand in Hand oder auch nicht, je nachdem wie der schmale Pfad ihnen Raum läßt, fühlen sie eine Gemeinsamkeit, wie sie sie nie zuvor mit einem anderen Menschen empfanden.

In der Halle, in die sie durch das Seitenpförtchen des Palas gelangen, trennen sie sich: er, um wie mehrmals am Tage nach dem noch im-

mer schlafenden Hieronimus zu sehen; sie, um ins Forsthaus hinüberzugehen, doch bevor sie das Vestibül erreicht, kommt Jakob aus der Bibliothek gestürzt, soweit er überhaupt stürzen kann, und meldet aufgeregt, der Herr Regierungspräsident habe schon mehrfach während der Abwesenheit der gnädigen Komteß angerufen und sei auch jetzt wieder am Apparat. Er habe etwas Dringendes mitzuteilen.
Teresa schwebt noch in höheren Sphären und hat eigentlich nicht die geringste Lust, sich durch Hardekopf in irgendwelche Familienquerelen zerren zu lassen, denn was kann es schon anderes sein, aber da er es so wichtig macht, muß sie wohl, und so betritt sie die Bibliothek, sagt gedämpft liebenswürdig »Hallo!«, doch was sie dann nach einem harmlos klingenden Präludium zu hören bekommt, nimmt sich für sie selbst in des Barons nobel knarrender Stimme wie ein dröhnender Donnerschlag aus.

»Gut, daß ich Sie endlich erreiche, Teresa«, vernimmt sie. »Ich wollte Ihnen die erfreuliche Nachricht doch selbst mitteilen.«

»Was für eine erfreuliche Nachricht?«

»Herr Hunziger senior hat mich wissen lassen, daß er schon jetzt sämtliche Schloß und Gut Herrenberg belastenden Hypotheken von der Bank erworben hat, offenbar als Hochzeitsgeschenk, zu dem man Ihnen nur gratulieren kann. Sie sollten den Verlobungs- und Hochzeitstermin nun möglichst bald festsetzen, meine Liebe. Es wird mir ein besonderes Vergnügen sein, bei diesen Gelegenheiten auch den neuen Familienzuwachs, diesen Grafen Kabolski, endlich kennenzulernen.«

Er redet schon seit Sekunden ins Leere. Das Dröhnen des Donnerschlags noch im Ohr, hat sich Teresa auf einen Stuhl neben dem Schreibtisch sinken lassen. Aus dem Hörer in ihrem Schoß dringt noch immer quäkig die baronliche Stimme, gefolgt von einer Antwort heischenden Pause, einigen hörbar ungehaltener werdenden »Hallos!« und schließlich der Frage: »Sind Sie nicht mehr in der Leitung, Teresa?«

Nein, sie ist nicht mehr in der Leitung. Wie betäubt, legt sie langsam den Hörer auf, ohne sich von ihrem Platz zu rühren. So schnell geht das also! Eben noch glaubte sie, mit ihrem Glückswölkchen im rechten Hafen endgültig vor Anker gegangen zu sein, und nun dies. Kein verfrühtes Hochzeitsgeschenk, wie der ahnungslose Hardekopf meint, sondern ein schnöder Erpressungsversuch. Nicht Huberts natürlich, der wäre in seiner verliebten Harmlosigkeit nie solcher Tücke fähig. Sein Vater ist es, mit dem auch nicht zu reden sein wird, wenn der Termin der Zahlung naht. Es sei denn, daß sie ... Aber eben das will sie nicht. Was also tun?

Trotz flammt in ihr auf, ein ganzer, lodernder Scheiterhaufen, doch zugleich spürt sie im Untergrund der Empörung die lähmende Ohnmacht, die von jahrhundertealter töchterlicher Pflichterfüllung zum Wohle der Familie ausgeht. Vor kurzem noch war sie bereit gewesen, sich ihr zu fügen, doch inzwischen ist etwas geschehen: Ein lebendig gewordener Traum, ein Kuß, eine Umarmung haben die Welt für sie verändert.

Noch immer sitzt sie reglos auf ihrem Stuhl. Es kämpft in ihr, und als Jakob, erstaunt über das jähe Verstummen im Raum, den säuberlich gescheitelten, runden Kopf durch den offen gebliebenen Türspalt schiebt, um zu melden, daß er gleich mit der zweiten Führung des Tages beginnen werde, zieht er sich angesichts ihrer totalen Versunkenheit schleunigst zurück und die Tür fest zu. Bei den sich sammelnden Besuchern sind auch Kinder, und er muß verhindern, daß sie in ihrem respektlosen Tatendrang die gnädige Komteß womöglich beim Nachdenken stören …

Etwa um die gleiche Zeit klingelt auch bei Ferdi das Telefon. Er hat in den letzten Tagen vergeblich nach Möglichkeiten gesucht, seine kühnen Zukunftspläne zu realisieren. Sich direkt an einen Pharmakonzern zu wenden, schien ausgeschlossen. Wenn er dort seine Geschichte erzählte – noch ohne Orts- und Namensnennung natürlich, dazu zwingt Familienpflicht –,

würde er wiederum nur Schulterzucken oder gar spöttischem Grinsen begegnen, falls man ihn nicht gleich für einen armen Irren hielte. Ja, wenn er als Beweis ein Pröbchen des Wunderpulvers hätte, aber er hat nun mal nicht, und es sich hintenherum zu verschaffen, verstößt gegen sein immerhin vorhandenes Ehrgefühl.
In diese unergiebige Situation hinein klingelt nun, wie gesagt, das Telefon. Der Journalist ist dran, mit dem er es schon erfolglos zu tun gehabt hat, redet ein bißchen herum und erklärt sodann, er sei jetzt doch an der Sache von damals interessiert und ob er ihm Näheres mitteilen könne. Und auf Ferdis erstaunt-wachsame Frage, wieso er plötzlich an Grimms Märchen glaube, erhält er die Auskunft, in dem am selben Morgen erschienenen »Medizinischen Wochenblatt« sei der Artikel eines Arztes enthalten, der sich offenbar auf den von ihm angetippten Fall beziehe und sensationelle wissenschaftlich-pharmakologische Erwartungen daran knüpfe. Und wenn sich schon ein Arzt darüber verbreite, noch dazu in einem angesehenen Blatt, müsse wohl Faktisches dahinterstecken. Immerhin hätten beide, Arzt und Blatt, einen Ruf zu verlieren.

»Rufen Sie mich morgen wieder an!« gibt Ferdi hastig Bescheid und ist schon aus dem Haus und zur medizinischen Buchhandlung am

Rathausplatz unterwegs, um sich das »Wochenblatt« zu besorgen.
Und da steht's denn auch! Den jungen Doktor aus der Uni-Klinik hat das, was er gehört und gesehen hat, nicht ruhen lassen. Der wissenschaftliche Ehrgeiz hat ihn gepackt; sein Versprechen, überzeugt er sich, könne nur für Namen gelten, die Sache selbst sei in jeder Hinsicht zu wichtig, um der Mitwelt vorenthalten zu werden. Und so liest man, daß es durch objektiv nachprüfbare Fakten gestützte Hinweise auf aus uraltem okkultem Wissen stammende Forschungsergebnisse gäbe, die, wenn sie sich bei Überprüfung durch moderne wissenschaftliche Methoden bestätigten, das Dasein der Menschheit entscheidend zu verändern geeignet seien. Das Geheimnis ewiger Jugend, bisher ins Reich der Schimären verwiesen, sei offenbar seiner Verwirklichung nahegerückt.
Ferdi genügt's. Es ist genau das, was er braucht. Kein Name, aber sensationell genug, um die Öffentlichkeit auf Trab zu bringen. Und zudem enthebt es ihn der Verantwortung dafür, daß die Sache ruchbar geworden ist.
Er hat den Artikel noch in der Buchhandlung eilig durchflogen und hat's auch weiterhin so eilig, diese Trumpfkarte an geeigneter Stelle auszuspielen, daß der Buchhändler ihm auf den Rathausplatz nachstürzen und ans Bezahlen erinnern muß.

Noch eine zweite Investition erweist sich trotz angespannter Kassenlage als nötig, denn mit hochgeschwungenem Daumen am Straßenrand auf ein des Weges kommendes Beförderungsmittel zu lauern oder gar auf Schusters Rappen schwitzend schloßwärts zu pilgern, scheint ihm seiner Rolle als Künder und Wegbereiter künftigen Glücks und Wohlstands nicht angemessen. So hält er ein vorüberfahrendes Taxi an und läßt sich luxuriös, nicht wie sonst meist im schlichten Lieferwagen des Delikatessengeschäfts, nach Herrenberg fahren.
Im Vestibül trifft er den mit dem Zählen des Ertrags seiner Führung beschäftigten Jakob an, was ihn in die erfreuliche Lage versetzt, dem Majordomus die Zahlung des Taxis zu überlassen. Warum auch nicht? Er hat das Gefährt ja im Dienst der Familie benutzt. Danach erfährt er von ihm, daß sich die gnädige Komteß wie gewohnt um diese Zeit im Forsthaus befinde. Zuvor habe sie jedoch ungewohnterweise mindestens eine halbe Stunde offenbar tief in Gedanken in der Bibliothek verbracht, nachdem es dem Herrn Baron von Hardekopf nach mehrfachen Versuchen endlich gelungen sei, sie telefonisch zu erreichen.
Ferdi spitzt unwillkürlich die Ohren.

»Baron Hardekopf? Und gleich mehrfach? Sind Sie sicher?«
Jakob reckt die stämmigen Schultern, daß die

Nähte knacken und er den Rock über dem Bauch glattstreichen muß. Das fehlt gerade noch. Sich das Taxi zahlen lassen und dann auch noch an seinen Worten zweifeln!

»Selbstverständlich! Ich habe die Anrufe persönlich entgegengenommen und die gnädige Komteß verständigt.«

»Soso«, murmelt Ferdi nachdenklich. »Und wo ist der Graf?«

»Oben in seinem Zimmer.«

»Danke.«

Einen Moment bleibt Ferdi noch stehen, anscheinend irgendwelchen Gedanken nachhängend, dann steuert er entschlossen der Treppe zu, hält jedoch auf der untersten Stufe inne, verharrt wiederum einen Moment, dreht sich um und verschwindet, von Jakobs verdutztem Blick gefolgt, in der Bibliothek, deren Tür er hinter sich schließt.

Den Hohenbergs seit drei Generationen dienstbarlich verbunden, ja fast, wenn auch mit gebührendem Abstand, zur Familie gehörig, spürt Jakob wie ein leiseste Erschütterungen registrierender Seismograph, wenn bei seiner Herrschaft ernste Dinge im Gange sind. Doch lauschen ist ihm natürlich versagt, und selbst wenn er's wollte, verhinderte die massive eichene Tür jeden Versuch.

Beruhigend ist dann nur, daß ein verkniffenes Grienen um Ferdis Lippen spielt, als er sich wieder in der Halle zeigt, daß der Ton, in dem er Jakob ersucht, ihn zu verständigen, sobald die Komteß erscheint, keineswegs trübetümpelig klingt, und daß er beim Treppensteigen mit seinen langen Beinen immer zwei Stufen auf einmal nimmt und dazu pfeift, noch dazu falsch.

Was Ferdi eben am Telefon in der Bibliothek vernommen hat, ist nämlich nicht nur dazu angetan, ihm den Grund von Teresas intensiver Nachdenklichkeit zu verraten, es paßt auch, wie er sie zu kennen meint, bestens in seinen Plan. Und so kommt es jetzt lediglich darauf an, Kabolski diesem Plan geneigt zu stimmen. Den Grafen kennt er zwar nicht und seine Gefühle für Teresa noch weniger, aber daß ihm am Besitz seines Schlosses liegt, denn es ist ja seins, da er nicht gestorben ist, sondern putzmunter lebt und infolgedessen sozusagen sein eigener Erbe ist – kurz, daß ihm am Besitz dieses Erbes liegt, ist nicht zu bezweifeln.

Infolgedessen klopft Ferdi zuversichtlich an Kabolskis Tür, tritt, kaum daß das »Entrez!« ertönt, hurtig ein und erklärt dem im Sessel am Fenster nicht unbedingt erfreut von seinem Zeitungsstudium aufsehenden Kasimir:

»Darf ich Euch ein Momentchen stören, Graf? Ich habe Wichtiges mit Euch zu besprechen!«

Jahrhundertealte töchterliche Traditionen sind nicht so leicht zu überwinden, andererseits aber ist Teresa ein Kind ihrer Zeit, und die letzten zwei Jahre, die sie damit verbracht hat, sich, ihre Leute und den verschuldeten Besitz mit allerlei Kleinkram wie Schloßführungen und Forsthaus-Verpachtung einigermaßen über Wasser zu halten, haben in ihrem Wesen Spuren gezeitigt. So einfach wie mit den früheren Teresas oder wie sie sonst hießen, die sich zum höheren Wohle der Familie folgsam in die Ehebetten betuchter adliger Herren abschleppen ließen, ist es mit ihr jedenfalls nicht. Und wenn sie sich erst eine knappe Woche zuvor trotzdem fast zu ähnlichem hatte verleiten lassen, dann – ja, warum eigentlich? –, dann doch wohl nur, weil Huberts tölplige Verliebtheit sie irgendwie rührte und sie ihrerseits hoffnungslos in ein Porträt verliebt war, und man Porträts längst abgeschiedener Herren schlecht heiraten konnte. Jetzt aber war das Porträt lebendig und damit alles anders geworden.
Ihr Blick schweift von den Rechnungen auf dem tintenfleckigen Schreibtisch des kleinen Büros neben der Küche ab, Rechnungen über gelieferte Lebensmittel der letzten Woche, die sie hat kontrollieren wollen, und fast wie leibhaftig sieht sie wieder die Stolperszene von vorhin vor ihrem inneren Auge, hört Kasimirs Worte, und das Trotzflämmchen in ihr entfal-

tet sich von neuem zum Scheiterhaufen. Nein, von solchem erpresserischen Hochzeitsgeschenk will sie nichts wissen! Wie kommt sie dazu? Ihr ist bestimmt nicht schnurzegal, daß die Hunzigers den Wald abholzen und das Schloß in ein Sanatorium verwandeln wollen, aber sie kann's um diesen Preis nicht verhindern. Nun, sollen die doch! In der Stadt wird sich schon eine nette, kleine Wohnung für sie und Kasimir finden, und sie kann dann vielleicht ...

In ihre trutzige Zukunftsvision schrillt das Telefon auf dem Schreibtisch, und so verstrickt ist sie in ihr Gedankengespinst, daß sie, zumal die Stimme am anderen Ende wie die Hardekopfs klingt, dem Anrufer schroff ins Wort fällt:

»Falls Sie mir nochmal gratulieren wollen – ich bin nicht interessiert!«

In der Leitung herrscht hörbar verblüffte Stille, dann läßt sich die Stimme – nicht Hardekopfs, eine andere – leicht verstört von neuem vernehmen:

»Wieso gratulieren? Ich verstehe nicht recht. Ist da nicht das Schloßrestaurant Herrenberg? Ich wollte nur ein Hochzeitsdiner für nächsten Samstag bestellen.«

Im Nu ist das Gespinst verflogen. Am Schreibtisch sitzt jetzt jemand, der ein einbringliches Geschäft retten muß, sich entschuldigt, es sei nur ein Mißverständnis gewesen, der Samstag sei ein besonders günstiger Tag, die Küche werde, ihrem Ruf entsprechend, ihr Bestes tun, und alles in allem durch Liebenswürdigkeit – nicht zuviel und nicht zu wenig – und verlokkende Vorschläge wieder wettmacht, was zuvor durch einem anderen zugedachte Schroffheit gesündigt wurde.

Man kommt bestens auseinander, und als Teresa sich nach diesem kleinen Erfolgserlebnis wieder an ihre Rechnungen macht, weht sie zum erstenmal spielerisch, aber doch nicht so ganz spielerisch nur, der Gedanke an, wie es wohl wäre, wenn sie das, was sie hier bisher zur Unterstützung des schon recht ältlichen, kleine Nachlässigkeiten allzu großzügig übersehenden Pächters nebenbei tut, gleichsam hauptamtlich täte. Der alte Knabe hat ihr ohnehin kürzlich anvertraut, daß er den an sich noch mehrere Jahre laufenden Pachtvertrag gern aufkündigen und sich ins Privatleben zurückziehen würde. Somit wäre die Möglichkeit gegeben, für ihn einzuspringen. Ein tüchtiges Küchenteam und zwei nette Mädchen zum Servieren sind zur Hand – warum also nicht? Und damit wäre, wenn das Schloß mehr oder weniger den Hunzigers anheimfiele, auf jeden Fall für sie eine finanzielle Basis für die Zukunft geschaffen, noch dazu auf vertrautem Boden. Was die Familie dazu sagen würde, kann sie sich allerdings denken, aber wenigstens Ferdi

würde, wenn es ihr je ernst damit wäre, Verständnis aufbringen.
Während ihres Gedankenspielchens hat sie die Rechnungen kontrolliert, wirft noch einen prüfenden Blick in die Küche, einen zweiten ins Restaurant, wo ein paar Tische von verspäteten Mittags- oder frühen Kaffeegästen besetzt sind, und schickt sich dann an, ins Schloß hinüberzugehen. Immerhin kann sie bei nächster Gelegenheit einmal spaßeshalber mit Ferdi darüber reden.

Die Gelegenheit ergibt sich schneller als erwartet. In der Halle kommt ihr schon Jakob entgegen, nun nicht mehr im Kastellansrock, sondern in Livree, und meldet, Baron Knitzewitz sei inzwischen eingetroffen und wünsche, von ihrer Rückkehr unterrichtet zu werden. Ob er …?
Eigentlich hat sich Teresa eine ruhige Stunde erhofft, um den Spaziergang mit Kasimir noch einmal träumerisch nacherleben und die möglichen Konsequenzen der Veränderung ihres Verhältnisses zu ihm sowie die unausweichliche Frage bedenken zu können, wann und wie sie ihm den hinterlistigen Griff der Hunzigers nach dem Schloß erklären soll, aber da Ferdi nun einmal da ist, kann sie diese Stunde auch später nachholen.

»Ich erwarte ihn oben bei mir«, sagt sie.

Statt sich wie sonst nach ihren Forsthaus-Stunden erst ins Schlafzimmer zu begeben, um durch einen raschen Blick in den Spiegel ihr Aussehen zu überprüfen und notfalls mit einem bißchen Puder oder dem Kamm nachzuhelfen, bleibt sie gleich im Wohnzimmer. Sie hat im Moment zuviel zu bedenken, um solchen kleinen Anwandlungen von Eitelkeit nachzugeben, wenn es überhaupt Eitelkeit und nicht eine Art Ordnungsliebe ist. Doch ob das eine oder andere, es bleibt sich gleich, sie erwartet ja nur Vetter Ferdi, den sie von Kindesbeinen an kennt und der sie ruhig auch mal mit ungepuderter Nase sehen kann. Wenn's weiter nichts ist!
Als dann aber zu ihrer Überraschung außer Ferdi auch Kasimir nach kurzem Klopfen in der Tür auftaucht, bedauert sie doch, den Blick in den Spiegel unterlassen zu haben, und dirigiert die beiden in die den Fenstern zugewandten Sessel, während sie selbst sich für alle Fälle mehr schattig hält.

»Was gibt's also?« erkundigt sie sich, ihr Herzklopfen durch bemühte Sachlichkeit bekämpfend.
Ferdi weiß, daß er sie überrumpeln muß, wenn er sein Ziel erreichen will, und geht gleich aufs Ganze:

»Ich habe auch mit Hardekopf telefoniert!«
Das also ist es! Teresa streift Kasimir mit einem beklommenen Blick. Muß das denn ausgerech-

net in seiner Gegenwart sein? Sie hat's ihm ja selber beibringen wollen.

»Und er hat ...?« setzt sie zögernd an.

»... mir ebenfalls von dem sauberen Manöver deines künftigen Schwiegervaters erzählt«, fällt Ferdi ein.

»Er ist nicht mein künftiger Schwiegervater!« braust sie auf. »Er wird's auch nie werden!«

Ferdi grient befriedigt.

»Wie schön! Das wollte ich bloß von dir hören.«

»Ich auch!« klappt eine zweite Stimme, die Kasimirs, nach.

Zwei kleine Wörter sind's nur, aber sie genügen, Teresa für Sekunden aus der Fassung zu bringen, denn sie deuten etwas an, was sich mit ihrem eigenen Herzenswunsch trifft.

»Und was willst du tun?« hört sie Ferdi fragen.

Die Süße des Moments schwindet, Bitterkeit bleibt. Denn was kann sie schon tun? Nicht auf's Wollen kommt's ja an, sondern auf's Können, und da ist eben Feierabend. Selbst wenn sie ihr Boucher-Porträt verkaufte und alles andere, was sich durch Jakobs Schloßführungen und die Restaurant-Verpachtung zusammenläppert, dazutäte, reichte es längst nicht aus, das Schloß aus Hunzigers Klauen zu reißen. Also kann sie nichts tun, könnte höchstens … Und dann platzt sie doch wider Willen mit dem Gedankenspielchen heraus, das sie im Büro drüben betrieben hat:

»Ich könnte selbst die Restaurantpacht übernehmen, und dann …«

Alles weitere geht in zweistimmigem Gelächter unter, und danach zitiert Ferdi heiter:

»Frau Wirtin hatte keinen Dunst von des Kochens hoher Kunst!« Und fügt, wieder ernst, hinzu: »Nee, Cousinchen, da haben wir doch was Besseres zu bieten. Wollt Ihr es ihr erklären, Graf?«

Teresas Blick wechselt erstaunt zu Kasimir.

»Ihr? Was könnt Ihr …?«

»Nicht Ihr … du«, sagt er lächelnd. »Oder hast du's schon vergessen?«

Sie schüttelt errötend den Kopf. Er registriert es befriedigt, während er das »Wochenblatt« aus der Tasche zieht.

»Obwohl du meintest, es gäbe keinen, habe ich doch einen Schatz für dich«, fährt er fort. »Mit Hilfe deines Vetters werden wir ihn heben. Hier, lies!«

Sie überfliegt den Text, dann blitzen ihre Augen wütend zu Ferdi hinüber.

»Das hast du gemacht«, sagt sie erbittert, »obwohl du wußtest, daß ich …«

Doch Ferdi erfreut sich diesmal eines besonders guten Gewissens und ist auch durch Augenblitzen nicht zu erschüttern.

»Falsch gedacht«, unterbricht er sie. »Ich war's nicht. Von mir hätte das Blatt sowas gar nicht genommen. Der Doktor aus der Uni war's, der neulich den Polizeifritzen begleitete, und den du selbst in die Kammer geführt hast.« Und dann beugt er sich, von seinem Enthusiasmus beflügelt, vor und posaunt: »Besseres hätte uns doch gar nicht passieren können! Stell dir vor, wie sich die Pharmaleute hier drängeln werden, wenn erst bekannt wird, wo dieses Wunderzeugs zu holen ist! Wir werden in Geld schwimmen, Cousinchen, und du wirst den Hunzigers die Tür vor der Nase zuschlagen können!«

So erfreulich die Aussicht ist, kann sie sich doch auch vorstellen, was unweigerlich vorher passieren wird: die unaufhaltsame Überflutung durch eine zudringliche Öffentlichkeit, die sie für Kasimir und auch für ihre erst schüchtern erblühte Zuneigung fürchten muß. Er lebt noch zu kurz in dieser für ihn so neuen Welt, um derlei Dingen ausgesetzt zu werden.

»Nein«, sagt sie dickköpfig, »nein, ich will es nicht! Später vielleicht. Schließlich habe ich hier im Schloß zu bestimmen!«

Ferdi reicht's. Ihr halsstarriger Widerstand gegen das, worin er die einzige vernünftige Möglichkeit sieht, das Hypothekenproblem zu lösen und außer Teresas auch sein eigenes Zukunftsschiffchen mit vollen Segeln in Fahrt zu bringen, ärgert ihn so, daß ihn auch Kasimirs mit einem Räuspern verbundener warnender Blick nicht mehr bremsen kann. Was raus muß, muß raus, auch wenn es ihr unangenehm in den Ohren klingt.

»Da irrst du dich aber gewaltig!« klotzt er. »Zu bestimmen hat hier nur der Graf! Da er lebt und nie gestorben ist, gehört der ganze Besitz nach wie vor ihm, und nur er kann entscheiden, wie er ihn sich erhalten will.«

Sie sieht wie betäubt vom einen zum anderen. Wer hat es schon gern, den Boden, auf dem man steht, der einem Heimat und Inhalt des Daseins ist, plötzlich unter den Füßen schwinden zu fühlen und zugleich einsehen zu müssen, daß es seine Richtigkeit damit hat. Man kann nur gehen, um sich irgendwo, wo es niemand sieht, auszuheulen.

Wie abwesend steht sie auf, doch im selben Moment ist auch Kasimir aufgesprungen, umfaßt ihre Schultern, dreht sie zu sich herum:

»Laß ihn nur reden«, murmelt er zärtlich. »Ich weiß, daß du mich schützen willst. Aber ich werde das neue Leben besser und schneller als aus den Zeitungen kennenlernen, wenn ich mich mitten ins Getümmel stürze. Ich habe Abenteuer nie gefürchtet, und ich werde dich an meiner Seite haben. Was kann also schon passieren? Und hinterher wirst du wieder die Schloßherrin sein.«

Ist es die Einsicht, daß seine weitere Anwesenheit der Sache nicht förderlich ist, oder eine seiner gelegentlichen Anwandlungen von Taktgefühl, die Ferdi veranlaßt, sich währenddessen unauffällig zu verdrücken, so daß ihm die weitere Entwicklung der Dinge entgeht. Doch als Lebens- und Liebeskundiger ist er des guten Ausgangs so sicher, daß er in der Halle nach Jakob ruft und ihn ins Forsthaus nach einer Flasche Champagner schickt.

»Besser gleich zwei«, korrigiert er sich. »Sie sollen's zum Übrigen schreiben.« Und als Jakob noch mißbilligend zögert: »Aus dem Kühlschrank, natürlich, und vom Besten. Diesmal haben wir wirklich Besonderes zu begießen!«

Elftes Kapitel

Das Besondere hebt damit an, daß sich am nächsten Vormittag der von Vetter Ferdi geladene Journalist im Schloß einstellt, respektvoll den Grafen und zum Vergleich auch noch das Boucher-Porträt besichtigt, sich sodann von Ferdi durch den Kleiderschrank in die Geheimkammer geleiten läßt – »Originell«, erklärt er. »Auf was die Leute so alles gekommen sind!« –, wo er durch sein lautloses Blitzlichtgewitter die Skorpione und Spinnen in den Spalten und Winkeln des Gemäuers erschreckt, während der Alte und der Hund einträchtig weiterschnurcheln.

»Wie alt mag der Bursche sein?« forscht der Journalist flüsternd.

Ferdi zuckt die Schultern.

»Weiß nur er selbst, wenn er's nicht schon vergessen hat. Der Graf meint, bevor er zu ihm gestoßen sei, hätte er schon eine kleine Schlafrunde hinter sich gehabt. Jedenfalls hätte er erzählt, er sei von irgendeinem Kaiser, Karl V., glaube ich, vor der Inquisition gerettet worden.«

»Guter Gott!« murmelt der Journalist überwältigt. »Karl V. ... das war ja ... ... das war ja ... das muß ja schon ...«

»Strapazieren Sie sich nicht!« grinst Ferdi. »Ich weiß es auch nicht. Bestimmt ziemlich lange vor meiner Zeit.«

Der Journalist packt ihn am Arm.

»Hören Sie zu«, raunt er dringlich. »Lassen Sie mich's wissen, sobald der Mann aufwacht. Für ein Exklusivinterview mit ihm würde die Zeitung sicher was ausspucken. Intimitäten vom Kaiserhof oder sowas! Das wär' doch was, wie?«

Ferdi nickt. Er hat zwar seine Zweifel, ob Hieronimus von kaiserlichen Intimitäten weiß, aber die Aussicht auf Einnahmen, ob groß oder klein, erfreut ihn immer.

»Wird gemacht. Aber vergessen Sie nicht die Großaufnahme der Hauptsache hier: des Wundermittels.«

Das Licht der Taschenlampe konzentriert sich auf das Glasgefäß mit dem Pulver.

Der Journalist beäugt es von allen Seiten.

»Sieht aus wie ganz gewöhnlicher Sand. Schade, daß man's nicht mal probieren kann.«

»Lieber nicht«, scherzt Ferdi. »Dann dürfte Ihr Artikel kaum morgen erscheinen.«
Noch einmal blitzt grell das Blitzlicht auf, dann sinkt die okkulte Welt ins Dunkel zurück. Die Besichtigung ist beendet.
Im Wohngemach oben stoßen sie auf Kabolski, bei dem sich der Journalist mit wohlgesetzten Worten bedankt.

»Ein ganz erstaunlicher Eindruck«, rühmt er. »Es fällt nicht leicht, an derlei Dinge in unserer Wirklichkeit zu glauben.«

»In welcher?« erkundigt sich der Graf.

»Wieso in welcher?« Der Journalist kommt nicht ganz mit.

»Nun, mon cher«, erklärt Kabolski mit mildem Lächeln, »wenn Ihr erst mal in meine Jahre kommt, werdet Ihr hoffentlich erfahren haben, daß es nicht nur die eine gibt, die wir vor der Nase haben.«

Der weitere Verlauf des Tages dient dazu, sich den Vorbereitungen auf das zu widmen, was sie vermutlich in den folgenden zu erwarten haben. Ferdi vor allem. Sein Vorschlag, bis auf weiteres ganz ins Schloß überzusiedeln und ihm die Bibliothek als Arbeits- und Empfangsraum für die zu erwartenden geschäftlichen Besucher zur Verfügung zu stellen, wird einstimmig angenommen. Abgelehnt wird von Teresa hingegen, sofort eine Sekretärin für ihn einzustellen. Dazu ist ihrer Meinung nach immer noch Zeit, wenn die erhofften Geschäfte anzulaufen beginnen. Gleichfalls abgelehnt wird die Erweiterung der Schloßführungen, die sich nach Veröffentlichung des Artikels sicherlich eines weit größeren Zulaufs erfreuen dürften, bis in die geheime Kammer hinein.

»Durch mein Schlafzimmer und meinen Kleiderschrank« fährt Teresa Ferdi an. »Und Hieronimus schläft noch. Du bist verrückt!«

»Schon gut«, resigniert Ferdi. Es sei ja nur so ein Gedanke gewesen, der zu erhöhtem Eintrittspreis berechtigt hätte. Dann sei es um so wichtiger, wenigstens Jakob besser zu kostümieren. Er habe in der Kleiderkammer eine bis auf ein paar Mottenlöcher noch recht gut erhaltene Hofmeister-Montur aus dem vorigen Jahrhundert gefunden, die Jakob einigermaßen passen und in der er weit überzeugender als in seinem Kastellansrock wirken würde.

Dagegen ist nichts einzuwenden. Es kostet ja nichts, und wenn Jakob will …

Und ob er will! Nach äußerlicher Aufwertung seiner Rolle, einer richtigen Uniform oder dergleichen, hat er sich schon lange gesehnt, und so bringt er außer der von Ferdi gemeinten Montur gleich noch eine zweite, die eines Leibjägers, mit, die ihm wegen der über der Leibesmitte sich kreuzenden weißseidenen Schärpen besonders gefällt. Außerdem prunkt sie mit silberdurchwirkten Epauletten, während die der anderen aus weißer Wolle bestehen, und statt der Schärpen schmücken sie nur zwei von den Schultern hängende geflochtene weiße Kordeln.

Auf diesem Gebiet jedoch ist Kabolski Autorität, und der Leibjäger paßt ihm als Führer durch die Schloßhistorie nicht ins Bild. Der habe Aufgaben anderer Art zu erfüllen, während der Hofmeister schon durch sein Amt der dazu Berufene sei.

Also bleibt's dabei. Jakob muß sich mit der schmucken weißen Weste unter dem blauen Rock, den Kordeln, Wollepauletten und bis zu den Knien reichenden weißledernen Knöpfgamaschen begnügen, und Anna wird gerufen, um die Mottenlöcher kunstfertig zu stopfen.

Ferdis Bemühung, auch Teresa und den Grafen zu angemessener Kostümierung zu überreden, stößt dagegen auf ihm unverständlichen, hartnäckigen Widerstand. Alte, edle Rasse hat zweifellos ihre Vorzüge, er sieht's an sich selbst, andererseits ist ihre Abneigung, sich den Forderungen und Bräuchen einer neuen, auf Schau und Schein versessenen Zeit anzupassen, schlechthin absurd. Daß Teresa einstweilen dickköpfig an ihren Jeans, Pullis und kleinen Kleidchen festhalten will, obwohl sie hübsch genug ist, es mit jedem Filmstar aufzunehmen, kapiert er nicht. Und von Kasimir

hätte man wohl erwarten dürfen, daß wenigstens ein Restbestand seiner vor allem bei den Damen des französischen Hofs bewiesenen Anpassungsfähigkeit übriggeblieben wäre.
Dennoch ist es ein optimistisch gestimmter Ferdinand, der wenig später in Teresas altem Wagen zur Stadt hinunterfährt, um seine Siebensachen für die Übersiedelung zusammenzupacken. Morgen wird er zurückkehren und, wenn auch einstweilen ohne Status schaffende Sekretärin, das große Werk der Sanierung der Häuser Hohenberg-Knitzewitz tatkräftig beginnen.
Fürs erste ist es jedoch noch ein Tag wie fast alle anderen. Die letzte Führung ist gerade zu Ende, unten quillt eben die Besucherschar aus dem Portal, gerinnt auf dem Schloßhof teils zu familienbedingten, teils zu nur plaudernd Eindrücke austauschenden Grüppchen, ein mit seiner Kamera herumfuchtelnder Herr mit Strohhut und buntkariertem Freizeitjackett ordnet gestikulierend eins der Grüppchen zu malerischer Staffage, um es zu bleibender Erinnerung vor der Ruine des Gesindeflügels fürs Fotoalbum festzuhalten, und ein Jüngling hat seinen Taschentransistor schon in Tätigkeit versetzt und läßt Rock-Geheul ertönen. Dann lösen sich die ersten Grüppchen auf, trödeln einzeln, zu zweit, zu dritt der Schräge des Schloßhofs folgend gemächlich dem schmalen Durchlaß im

Torturm zu, und endlich ist auch der letzte verschwunden.
Die Ruhe ist wiedergekehrt, nach einem kurzen Regenguß am frühen Nachmittag blinkt die Sonne von neuem durch die von Vogelgezwitscher erfüllte Krone der Linde, und einzelne Strahlen fallen schräg durch die Fenster des Wohnzimmers, wo Teresa und Kasimir nach Ferdis eiligem Aufbruch noch beim von Anna servierten Tee zusammensitzen. Es ist alles wie sonst.
Wie sonst klopft es auch nach kurzem an die Tür, und Jakob erscheint, nach vollzogenem Umzug wieder in die verschossene Dienerlivree gewandet, um das Kästchen mit den Einnahmen zu überreichen und Teresas Lob mit würdiger Bescheidenheit entgegenzunehmen.

»Seltsam«, meint Kasimir, nachdem er sich wieder hinausverbeugt hat, »manche der Heutigen scheinen den Geist vergangener Zeiten in sich zu konservieren. An diesem Jakob, par exemple, hätte auch Teresa ... pardon, ich meine die andere, nichts auszusetzen gehabt.«
Er weiß im gleichen Moment, daß es unklug gewesen ist, die andere Teresa zu erwähnen und so die stille Gemeinsamkeit dieser Stunde zu stören. Und da fragt Teresa auch schon:

»Denkst du noch oft an sie?«
Solche Frage birgt ihre Gefahren. Daß bei der Ähnlichkeit der beiden Teresen die Erinnerung

an die frühere nicht ausbleiben kann, liegt auf der Hand, und ein unverfrorenes »Nein« wäre unglaubwürdig. Andererseits könnte ein unumwundenes »Ja« zu unerwünschten Verstimmungen führen und etwas verschütten, was eben dabei ist, sich zu erschließen. Bei der einstigen Teresa hatten sich Verstimmungen solcher Art in temperamentvollen Wutausbrüchen entladen, die mit bewährten Mitteln leicht zu besänftigen waren. Bei dieser Teresa verhält es sich anders, weil sie ihre Gefühle, statt sie herauszuposaunen, in sich verschließt und damit begütigender Einflußnahme entzieht. Nur eine kühne, aber wahre Antwort kann da helfen.

»Ja«, bekennt er. »Warum auch nicht? In ihr muß ich damals schon dich geliebt haben.«
Ein Sonnenstrahl ist ein Stückchen weitergerückt, streift sein Gesicht und blendet ihn, so daß er ihr Lächeln nicht sieht, es erst aus ihrer Stimme heraushören muß, als sie erwidert:

»Man merkt, du bist am Pariser Hof in eine gute diplomatische Schule gegangen.«
Aber es ist nur scherzhaft gemeint. Seit er gestern gesagt hat: »Ich werde dich an meiner Seite haben, und du wirst dann die Schloßherrin sein«, ist der bis dahin nie ganz geschwundene, eifersüchtig belauerte Schatten jener frühen Teresa völlig verblaßt, und das süße Sehnen, so oft schon empfunden, seitdem er aus

ihrem Traum heraus in ihr Leben trat, hat sich nur mit Mühe dorthin zurückdrängen lassen, wo Anstand und Sitte es einigermaßen in Schranken halten. Und was Kasimir betrifft, verspürt auch er nach der nun ausgesprochenen und damit endgültigen Klärung seiner Gefühle stärker als zuvor die Verlockung dieser der anderen so ähnlichen und doch von ihr so verschiedenen Teresa, die schlank und reizvoll vor ihm sitzt und ihn auf seinem Weg ins neue Leben begleiten wird.

Wenn also doch an diesem Tage etwas nicht ganz so wie sonst ist, dann dies: daß zwischen den beiden, die sich da noch am Teetisch gegenübersitzen, etwas heimlich gewachsen ist, das nur eines äußeren Anstoßes bedarf, um sie endgültig zusammenzuführen ...

Ob es Gespenster gibt oder nicht, darüber läßt sich streiten. Einerseits verbannt man sie in die anrüchigen Bereiche des Aberglaubens und der Phantasterei, andererseits gibt es eine weitläufige Literatur über sie, die sie als mediale Phänomene überaus ernst nimmt. Man weiß nicht, was man glauben soll. Aufgeklärte Geister, zu denen sich auch Teresa zählt, glauben natürlich nicht daran, doch wenn man mitten in der Nacht aus unruhigem Schlaf auffährt und im Finstern unheimliche, unerklärliche Geräusche vernimmt, nehmen aus der Vergangenheit auftauchende, einst vom Kindermädchen am Bettrand eindringlich geraunte Schauermärchen, etwa das vom »blutigen Ritter Kuno«, der im Dreißigjährigen Krieg Schlimmes begangen haben soll, deshalb keine Ruhe im Grabe findet und wimmernd im Schloß herumgeistert, unversehens Gestalt an. Was Teresa schreckensstarr hört, klingt wie Wimmern, Seufzen oder Winseln, doch als dann auch noch eine Art dumpf klagendes, schauerliches Geheul ertönt, reißt sie sich aus ihrer Erstarrung, springt aus dem Bett, greift blindlings nach ihrem Negligé, angelt nach ihren Schläppchen und stürzt aus dem Zimmer, die Treppe hinauf und zu Kasimir.

Für Kasimir ist ihr Erscheinen nur die Fortsetzung eines Traums, in dem er sie schon in den Armen hielt, doch statt ihrem Traumbild nachzueifern, verharrt sie, ein heller Schemen, reglos in der Tür und stammelt:

»Ich weiß nicht ... ich glaube, ein Gespenst ist bei mir!«

Ein Gespenst? Kasimir stammt aus von Voltaire aufgeklärter Zeit, ihm ist mehr nach Lachen als nach Grausen zumute, aber er hört die Angst in ihrer Stimme, und das genügt. In Sekundenschnelle streift er sich Hemd und Hose über, dann tritt er zu ihr, nimmt ihre Hand.

»Komm also. Wir wollen uns dein Gespenst ansehen.«

Leise tasten sie sich durchs Dunkel die Treppe hinunter, doch schon auf dem Treppenabsatz vor ihrem Wohnzimmer hat das Gespenst nichts Gespenstisches mehr, denn was ihnen da, wenn auch gedämpft, durch die offen gebliebene Schlafzimmertür entgegentönt, ist ganz zweifellos das von Gewinsel und Kratzgeräuschen unterbrochene Geheul eines Hundes.

»Pluto heißt dein Gespenst«, sagt Kasimir amüsiert. »Er ist aufgewacht.«

Er ist nicht nur aufgewacht, er erweist sich, obwohl gerade erst aus Tiefschlaf erstanden, schon als beachtlich aktiv. Als Kasimir die Schranktür öffnet, hinter der er rumort, springt er mit einem freudigen Jaulen, das alte Bekanntschaft verrät, an ihm hoch, beschnüffelt Teresa, die ihn im Schein der schnell angeknipsten Lampe über dem Toilettentisch nun zum erstenmal richtig sieht – ein langbeiniges, spitznasiges, spitzohriges Hundetier, das sich mit seinem struppig-buntscheckigen Fell fast wie eine Miniaturhyäne ausnimmt –, und macht sich verdächtig unruhig daran, das Schlafzimmer zu erkunden. Es scheint, als suche es nach einem Plätzchen, um sich zu erleichtern, was von einem Gespenst kaum zu befürchten gewesen wäre.

»Ein Wunder wär's nicht nach so langer Zeit«, meint Kasimir. »Gib mir eine Kerze und paß ein Momentchen auf ihn auf. Ich will nur nachsehen, ob auch Hieronimus wach ist.« Als er mit negativem Bescheid wieder aus dem Schrank auftaucht, ist es allerhöchste Zeit, Pluto auf den Schloßhof zu führen, denn kaum hat er vom Portal aus im Mondlicht die Linde erspäht, als er ihr auch schon kläffend zustrebt und an ihrem Stamm ausgiebig das Hinterbein hebt.

»Beneidenswert«, vermerkt Kasimir, »wieviel leichter als unsereins sich so ein Hund in einer neuen Welt zurechtzufinden weiß.« Doch mit der prompten Erledigung seines Geschäfts ist Pluto keineswegs schon zufriedengestellt. Alle Anzeichen wie eifriges Schnüffeln und zwischendurch eingeschobenes Jammerwinseln lassen darauf schließen, daß er nach der langen Fastenzeit Appetit verspürt. Das aber stößt auf Schwierigkeiten. Mit Mahlzeiten werden die Schloßbewohner aus der Restaurantküche versorgt, und die ist um diese Zeit natürlich geschlossen. Nur das Frühstück wird von Jakob in der Behelfsküche im Keller angerichtet. Auf die Zubereitung von höchsten Ansprüchen genügenden Tees oder Kaffees versteht er sich, eine kleine Auswahl von Marmeladen ist stets zur Hand, und ein wenig Aufschnitt für herzhaftere Gelüste sowie frische Brötchen bringt eins der Serviermädchen jeden Morgen vom Forsthaus herüber.

»Vielleicht ist vom Frühstück heute morgen

was übriggeblieben«, überlegt Teresa. »Sehen wir nach.«
Und wahrhaftig, im Kühlschrank finden sich nicht nur zwei appetitlich-saftige Schinkenscheiben und ein Ende Salami, sondern auch ein stattlicher Klops. Klopse mit grünen Bohnen hat es heute zum Mittagessen gegeben, und diesen muß der um seine Leibesfülle besorgte Jakob sich wohl aufgetan, dann aber heroisch ausgespart haben, wenn auch nur, um ihn in einem Moment durch Magenknurren geminderter Charakterstärke doch noch reuevoll zu verspeisen.
Für diesmal wird ihm solche Prüfung durch Pluto erspart. Ihm schmeckt's offensichtlich. Sein Magen scheint durch die lange Enthaltsamkeit jedenfalls nicht gelitten zu haben. Zum Nachtisch schleckt er sich genüßlich schmatzend das Maul, knurrt befriedigt, reibt sich dankbar an Kasimirs Beinen und trabt plötzlich aus der Küche den Kellerflur zur Treppe entlang.

»Wohin will er denn jetzt?« seufzt Teresa, der es allmählich zuviel wird.

»Vermutlich in die Kammer zurück«, meint Kasimir, »um sich von seinem ersten Ausflug in die neue Welt zu erholen.«
Er hat richtig vermutet. Schon im Wohnzimmer hören sie Pluto vor der Schranktür winselnd dremmeln, und als Kasimir sie ihm öff-

net, ist er im Nu im Dunkeln dahinter verschwunden.

»Wird er mich jetzt ruhig schlafen lassen?« Teresa hat vor dem Toilettentisch achtlos das Negligé abgestreift, und als von Kasimir keine Antwort kommt, dreht sie sich erstaunt zu ihm um und findet seinen Blick mit einem Ausdruck auf sich gerichtet, den Frau von Hardekopf, wäre sie Zeugin gewesen, als »höchst anstößig« bezeichnet hätte. Und erst dieser Blick macht ihr bewußt, daß sie im Licht der Lampe über dem Spiegel im kaum bis zu den Knien reichenden, durchscheinenden Batisthemdchen vor ihm steht, ihrem Schlafgewand für warme Nächte wie diese.

Sie rührt sich nicht, tut nichts von dem, was wohlanständige Mädchen tun, um sich in solcher Situation notdürftig vor männlichen Augen zu verhüllen. Nur heiße Röte schießt ihr in die Wangen, während ihre Blicke, sich begegnend, ineinander tauchen. Und in die Stille hinein sagt er leise:

»Du bist bezaubernd, Teresa!«

Hat er das nicht schon einmal gesagt? Aber wenn ja, ist es schon lange her, und hier ist es erneut Wahrheit geworden.

Nicht die Worte, erst der Schritt, mit dem er sich nähern will, löst den Bann ihrer Reglosigkeit.

»Nein! Nicht!« flüstert sie, während sie fahrig hinter sich nach ihrem über den Stuhl geworfenen Negligé greift und hastig hineinschlüpft. »Nicht jetzt! Geh!«

Und wirklich, er tut es. Zögert zwar einen Atemzug lang, aber dann tut er's ohne den leisesten Versuch, sich über ihre Abwehr hinwegzusetzen, verläßt mit der Andeutung einer Verneigung wortlos den Raum, durchquert gelassen das Wohnzimmer, und mit jedem seiner Schritte wächst in ihr das Bedauern, überwältigt sie mehr und mehr das so oft verspürte und immer wieder verdrängte süße Sehnen, nur daß es diesmal nicht zu verdrängen ist, und plötzlich hält sie's nicht mehr. In der Tür zum Vorplatz hat sie ihn erreicht, wirft ihre Arme um seinen Hals und wispert verwirrt:

»Nein, geh nicht! Bleib! Das ... das Gespenst könnte ja wiederkommen!«

Alte Schlösser sind solide gebaut. Ein halbwegs gutes Gewissen vorausgesetzt, kann man hinter ihren dicken Mauern ungestört schlafen, falls nicht gerade mit Böllern geschossen wird oder, was immerhin möglich ist, Gespenstisches umgeht. An gutem Gewissen fehlt's Jakob nicht, und wer wie er im dritten Stock über den Fürstenzimmern in einer bescheidenen, aber nicht unwohnlichen Dachkammer haust, müßte schon einen sehr leichten Schlaf und auch dann superfeine Ohren haben, um hören zu können,

was ein oder zwei Stockwerke tiefer zu nächtlicher Stunde an Ungewöhnlichem passiert.
Daß es diesmal mit seinem gesunden Tiefschlaf nicht so recht klappt, liegt an einem leisen Leeregefühl im Magen, das ihn immer wieder aus seinem Halbdämmer auffahren und sich des Klopses im Kühlschrank erinnern läßt. Mit einer halben, trockenen Schnitte Brot – trocken der gebotenen Fettenthaltsamkeit wegen – wäre er bestens geeignet, die Magenlücke zu füllen. Doch schließlich ist man Manns genug, derlei Gelüste zu unterdrücken, und im übrigen ist ihm bewußt, daß er sich schon wegen der knapp sitzenden, neuen, schmucken Montur streng im Zaum halten muß. Deshalb läßt er's dabei in der stillen Hoffnung, daß die Mühsal des Tages ihm endlich den gewohnten festen Schlaf bringen wird.
Bevor es jedoch dazu kommt, dringt dann doch etwas an das nicht ans Kopfkissen gepreßte Ohr, das mit der späten Stunde nicht recht vereinbar ist. Jault da nicht ein Hund? Klappt da nicht eine Tür? Oder täuscht er sich? Genaues ist nicht auszumachen. Er könnte sich auf die andere Seite drehen, doch weil er nun mal ein Pflichtmensch ist, ringt er sich seufzend aus dem Bett, steigt in die Hose, unter deren geräumigen Bund er das barchentene Nachthemd stopft, öffnet mucksmäuschenleise die Tür zum Flur und lauscht hinaus.

Nichts. Gar nichts. Alles ist still, wie zu erwarten. Also in die Federn zurück; aber dann ist doch ein schwaches, diffuses Geräusch von unten zu hören. Ist da vielleicht ein Fenster offen geblieben, das der draußen aufgekommene Wind bewegt? Jedenfalls muß er sich überzeugen.

Ohne Licht macht er sich auf den Weg. Er braucht keins, kennt das Schloß vom obersten Turmgelaß bis zum Keller wie seine Hosentasche, wenn nicht noch besser. Zwölf Schritte den Flur entlang, sechs über den obersten Vorplatz bis zur Treppe, sechzehn Stufen abwärts, dann geradeaus fünfzehn Schritte über den größeren Vorplatz vor den Gäste- und Fürstenzimmern und wiederum sechzehn Stufen hinunter.

Er kommt nur bis zur achten, dann wurzelt er jäh fest. Von dort, wo er regungslos verharrt, kann er den unteren Treppenabsatz bis zur Tür des Wohnzimmers der Komteß überblicken. Die Tür steht, was ungewöhnlich ist, offen, und schwacher Lichtschein fällt heraus, der aus dem Schlafzimmer dahinter kommen muß. Plötzlich hört er Schritte, vorsichtshalber zieht er sich eine Stufe zurück, und dann wird ihm ein schier unglaublicher Anblick zuteil: Auf der Schwelle erscheint der Graf, nur in Hemd und Hose, im nächsten Moment von einer leichtest bekleideten Gestalt eingeholt, kein Zweifel,

seiner Komteß, die den Grafen umarmt, in einem Kuß mit ihm verschmilzt und ihn ins Zimmer zurückzieht. Darauf schließt sich die Tür, und die Finsternis ist noch finsterer als zuvor.
Einen Moment steht er starr wie Lots Weib, stiert auf den Fleck in der Finsternis, wo eben so Hitziges vonstatten ging, daß ein Anhauch davon selbst ihn noch erwärmt hat, und stakst steifbeinig die Stufen wieder aufwärts. Gänzlich Ungewohntes geht dabei in ihm vor, rüttelt an seinen heiligsten Prinzipien. Nur zu gern möchte er, was er gesehen hat, für das Trugbild einer durch mangelnden Schlaf überreizten Phantasie halten, der Komteß wegen, auf die er nichts kommen lassen will. Aber er hat es nun mal gesehen, den Kuß und alles, und auf seine Augen ist auch ohne Brille noch immer Verlaß. Und was da jetzt hinter der geschlossenen Tür ohne ehelichen Segen passiert, kann er sich bei allem Respekt ebenfalls denken. Der einzige Trost ist, daß jedenfalls nichts Unstandesgemäßes geschieht. Ein Graf ist ein Graf, und es bleibt immerhin in der Familie.
Und noch ein weiteres Tröstliches fällt ihm ein: daß wenigstens Anna in ihrer Kammer nichts gehört hat und – nicht auszudenken! – an seiner, Jakobs Stelle gewesen ist, dessen drei Generationen währende Zugehörigkeit zum Hause jedwede Garantie für Diskretion und unver-

brüchliches Schweigen bietet. Sie hingegen ist erst seit zwei Jahren auf dem Schloß in Dienst, und bei so unterentwickeltem Traditionsgefühl wäre zu erwarten, daß sie schon bei ihrem nächsten Ausgang ins Dorf schwatzhaft Gerüchte verbreiten würde.

Nach wie vor im Dunkeln, ist er auf dem obersten Vorplatz angelangt und steuert auf Zehenspitzen über die leise knarrenden Dielen seine Kammer an, als die Tür schräg gegenüber sich auftut und Annas verwuschelter Kopf neugierig im Lichtspalt erscheint.

»Dacht' ich mir's doch, daß Sie's sind, Herr Jakob«, schnurrt sie katzig. »Sie wollten doch nicht etwa zu mir? Vielleicht, um die neue Montur anzuprobieren?«

Es klingt fast so harmlos, als ob sie es meint, das mit der Montur, doch sie meint es natürlich anders, und er muß sich ernstlich den unwillkürlich auftauchenden Vergleich mit dem vor kurzem zwei Stockwerke tiefer Erlebten verweisen. Aber da steht sie nun mal in der jetzt einladend geöffneten Tür, im Nachthemd natürlich, und obwohl es stabiler als das der Komteß ist, läßt es doch allerlei an appetitlich-drallen Formen erkennen.

Man kann sich nur wundern, was alles so in einer harmlos begonnenen Nacht passiert, aber nicht mit ihm, nein, nicht mit ihm, obwohl er mit seinen eben erst Vierzig längst noch nicht aus dem Schneider und es wahrlich nicht leicht ist, dem lockenden Geruch nach Veilchenseife und bettwarmer Haut zu widerstehen. Nein, nicht mit ihm, denn wo bliebe die Disziplin, wenn er sich mit einer Person vom Haus, einer Untergebenen noch dazu, in solcherlei Intimitäten einließe?

Ein stummer Appell an drei Generationen Pflichterfüllung genügt vorerst, ihm die nötige Entschlußkraft zu verleihen, das schon dicht aufgerückte Mädchen von sich zu schieben und mit gebotenem Ernst darauf hinzuweisen, daß morgen oder vielmehr heute für sie Waschtag sei, daß sie folglich früh aufzustehen und ihre Kräfte zu schonen habe. An Anprobieren sei zu dieser Stunde und unter diesen Umständen nicht zu denken.

In seiner Kammer ist es mit der erhofften Ruhe auch nicht weit her. Das Flämmchen der Begehrlichkeit, von Anna entfacht, schwelt noch immer; das Gefühl, sich etwas Angenehmes versagt zu haben, bohrt auf heimtückische Weise weiter in ihm, und dabei fällt ihm der Klops im Kühlschrank wieder ein. Wenn schon nicht Anna, dann wenigstens der. Man kann sich nicht alle Genüsse des Daseins verkneifen.

Aber auch den muß er sich verkneifen, denn der Klops ist nicht da, als er noch einmal in die Küche hinunterschleicht. Weder er noch die Schinkenscheiben noch die Salami. Der Kühlschrank ist leer, und mit seinem Schicksal hadernd, kehrt Jakob in seine Kemenate zurück. Eine ganze Weile noch schlägt er sich schlaflos-dösig mit dem im wachen Zustand kaum gewagten Gedanken herum, ob er nicht vielleicht doch …? Ein warmes Mädchen wäre auf jeden Fall einem kalten Klops, noch dazu einem nicht vorhandenen, vorzuziehen gewesen, aber es ist nun einmal zu spät, und im nachhinein zu spekulieren, was wäre, wenn … hat sich immer als nutzlos und damit überflüssig erwiesen …

ZWÖLFTES KAPITEL

Teresa hat sich im Wohnzimmer in ihr Innenleben zurückgezogen, um in einem schmalen Band von Rilke-Gedichten einen Widerhall ihrer eigenen lyrisch-schwebenden Gefühle zu finden, als es unversehens an die Tür klopft und auf ihr wenig einladendes »Ja?« ein wohlgenährter, bieder-graumelierter Herr mit Kamera am Riemen vor der Brust und über seiner Schulter der neugierig gereckte, mit einer blumigen Toque geschmückte Kopf einer ebenfalls graumelierten Dame auf der Schwelle auftauchen.

»Entschuldigen Sie«, sagt der Herr verlegen. »Sind wir hier richtig?«

»Ich fürchte, nein. Falls Sie die Toilette suchen, müssen Sie sich schon ins Forsthaus hinüberbemühen.«

Das Antlitz des Herrn färbt sich um eine Schattierung röter.

»Nicht die Toilette. Wir wollten bloß zur geheimen Kammer. In der Zeitung stand doch, daß da noch jemand von früher schläft.«

»Tut er.« Teresa bemüht sich redlich, ihre Ungeduld zu bemänteln. »Deshalb ist sie auch nicht zu besichtigen. Und dies hier ist ein privater Raum. Also ...«

Die Aufforderung zum Rückzug ist unüberhörbar, und der Herr ist sichtlich besten Willens, aber die Dame hinter ihm läßt ihn nicht. Ihr Wissensdurst ist noch nicht gestillt. Mit vor Neugier schriller Stimme fragt sie:

»Sind Sie etwa auch von früher?«

Teresas Vorrat an Höflichkeit ist erschöpft.

»Nein!« faucht sie. »Und zu besichtigen bin ich darum auch nicht!«

Sie drückt die Tür mit Nachdruck zu, zuerst gegen den nachgiebigen Bauch des Herrn, dann fest ins Schloß. Draußen entfernt sich gedämpft schrille Entrüstung, vermischt mit beschwichtigendem Gemurmel.

Unerwünschte Besucher solcher Art hat es schon vorher gegeben, seit der Artikel des Journalisten erschien und Jakob trotz seiner Respekt gebietenden neuen Montur alle Hände voll zu tun hat, seine nun beträchtlich zahlreicheren Schäfchen beisammen und davon abzuhalten, sich auf eigene Faust auf die Suche nach dem zu machen, was der Artikel verhieß und die Führung vorenthält.

In solchen Momenten vermehrter öffentlicher Zudringlichkeit, die für die nächste Zukunft noch Schlimmeres fürchten lassen, fragt sich Teresa, ob es nicht doch besser gewesen wäre, sich Ferdis Plänen energischer zu widersetzen. Aber wozu hätte das geführt? Auch die Idee mit der Restaurantpacht war ja nur eine Seifenblase gewesen. Dazu gehörte mehr, als Rechnungen nachzurechnen und am Telefon Bestellungen von Hochzeitsdiners entgegenzunehmen. Und brachte jemand, der sich als Adjutant eines Beinahe-Königs und Kavalier am Hof Ludwigs XV. betätigt hatte, auch gleich die rechte Eignung für einen Gastwirt dieses Jahrhunderts mit?

Sie muß sogar ein bißchen lächeln, wenn sie sich Kasimir vorstellt, wie er im Restaurant von Tisch zu Tisch geht, »Guten Appetit« und »Wohl bekomm's« wünscht und sich erkundigt, ob alles so recht sei. Es paßt einfach nicht zu ihm. Seine ganze Art würde die Gäste allenfalls an ihre vorhandenen oder nicht vorhandenen guten Tischmanieren erinnern, aber kaum zu unbedenklich-fröhlichem Schmausen und gesteigertem Verzehr ermuntern.

Und nun soll er von den Leuten als Clou jeder Führung besichtigt werden. Ferdi hat seinen früheren Vorschlag aufgewärmt, Kasimir in einem der besseren Hoffräcke aus der Kleiderkammer jedesmal zur Beantwortung von Fragen aufmarschieren zu lassen, aber die beiden andern sind zu seinem Kummer noch immer dagegen.

»Quatsch!« sagt Teresa unverhohlen. »Wenn du unbedingt jemand vorführen mußt, nimm doch Pluto. Der freut sich, wenn er an die Luft kommt, den brauchst du nicht mal zu kostümieren, und bellen tut er auch.«

So geschieht's, und Pluto macht seine Sache ausgezeichnet. Zutraulich wieselt er zwischen den Besuchern herum, schnüffelt an ihren Taschen, läßt sich bestaunen, verdrückt ohne Ziererei hier eine halbe Frühstücksstulle, dort einen Bockwurstzipfel aus dem Restaurant und entlockt einem sich sachkundig gebenden Herrn die Bemerkung, es müsse sich bei dem Tier um eine längst ausgestorbene Rasse, einen sogenannten afrikanischen Hyänenhund handeln. Doch als Pluto dann, seinem inneren Drang folgend, am Fuß der von ihm zum Stammbaum erkorenen Linde zwischendurch sein Hinterbein hebt, ruft eine Dame enttäuscht, das mache ja ihr Xaver genauso, und alsbald verliert Plutos exotischer Reiz spürbar an Glanz. Was ist auch an einem noch so ausgestorbenen Hund schon dran, wenn er's genauso macht wie andere Hunde? Und als vollgültiger Ersatz für einen nicht ausgestorbenen, sondern im Gegenteil noch recht lebendigen Grafen kommt er ebenfalls nicht in Frage.

Wie sehr das zutrifft, müssen Teresa und Kasimir erfahren, als sie gegen Abend vom versteckten Seitenpförtchen des Palas aus ihren gewohnten Spaziergang antreten. Im Hof vorn zögern zwar noch einige Leute herum, die die letzte Führung verpaßt und sich offensichtlich zum Rückmarsch entschlossen haben. Die Voraussetzungen für einen störungsfreien Spaziergang scheinen also gegeben.

Leider sind sie's nicht. Nach kaum zwanzig Schritten durch das Gehölz den Burgberg hinunter taucht hinter einem Gebüsch ein in flottschwarzes Leder gezwängter, gleich mit drei Kameras behängter Jüngling auf, hebt eine vors Auge und knipst, bevor Kasimir abwehrend die Hand heben kann.

»Sie sind doch Graf Kabolski«, sagt er überzeugt.

»Wie kommt Ihr darauf?« knurrt Kasimir.

Der Jüngling grinst.

»Im Forsthaus hat man mir gesteckt, daß Sie mit der Komteß Hohenberg abends immer ein bißchen spazierengehen, und da die Komteß mir bekannt ist … Außerdem sagt kein Mensch sonst ›Ihr‹. Ich hab' nur der Ordnung halber gefragt. Darf ich für die ›Abendpost‹ noch ein zweites Foto …?«

Die Bitte kommt hinter bergabwärts hastenden Rücken nicht mehr zum Zuge. Kasimir knirscht einen halblauten Fluch, und Teresa beruhigt:

»Wenn's nur der ist, geht's noch. Auf dem Rückweg klettern wir einfach neben dem Steinbruch drüben hoch. Da erwartet uns keiner.«
Doch es bleibt betrüblicherweise nicht bei dem einen. Offenbar sind ihre Spaziergewohnheiten im Forsthaus gegen gutes Trinkgeld auch anderen ausgeplaudert worden, denn so friedlich und verlassen der Bergwald vom Pförtchen aus auch erschien, regen sich hier und da nun Gestalten, tauchen aus Mulden und hinter Gesträuch hervor, folgen ihnen, in respektvollem Abstand zwar, ohne sich vorerst ungebührlich zu nähern, doch schnelleren Schritts, als sie sie abzuschütteln versuchen. Ein paar weniger sportlich Veranlagte bleiben zurück, der Rest japst ihnen weiter nach, und die letzte Aussicht auf erholsamen Waldesfrieden schwindet. Als einzige Möglichkeit, ihre Verfolger abzuschütteln, bleibt die Rückkehr zum Schloß.

»Zu meiner Zeit waren die Leute zivilisierter«, grollt Kasimir. »Da wäre dergleichen nie passiert.«
Teresa bringt in der Eile nur ein schwaches Lächeln zuwege.

»Zu deiner Zeit haben sie gleich den Gesindeflügel niedergebrannt. Jetzt wollen sie nur ein Naturwunder aus der Nähe sehen.«
So geht's im Eilmarsch wieder den Berghang

hinauf, das Gros der Verfolger bröckelt nach und nach ab, nur zwei besonders Ausdauernden müssen sie das Palaspförtchen förmlich vor der Nase zuschlagen.

»Habt ihr einen angenehmen Spaziergang gehabt?« empfängt Ferdi sie wohlgelaunt in der Halle.

»Sehr angenehm.« Teresa ist damit beschäftigt, wieder zu Atem zu kommen. »Was Angenehmeres, als sich von zwanzig Leuten durch den Wald hetzen zu lassen, kann ich mir gar nicht vorstellen.«

Ferdis Frohsinn läßt sich durch kleine Unannehmlichkeiten nicht dämpfen, schon gar nicht, wenn sie nicht ihn betreffen.

»Das wird sich bald geben«, erklärt er großzügig. »Klappern gehört nun mal zum Handwerk, und Neugier belebt bekanntlich das Geschäft. Stellt euch vor, ich habe eben telefonisch einen Optionsvertrag mit Sachs & Co. abgesprochen, dem größten Pharmakonzern hierzulande. Zwanzigtausend Mäuse fürs erste und Millionen in Aussicht, wenn die chemische Analyse Aussicht auf Erfolg verspricht, was ja wohl zu erwarten ist.« Und amüsiert die körperliche Verfassung der beiden vergleichend: »Der Graf ist in seinen Jahren jedenfalls besser bei Puste als du.« Kasimir runzelt verwundert die Stirn.

»Mäuse?« fragt er. »Was sollen wir mit so vielen Mäusen?«

»Das ist Neudeutsch für Mark«, hilft Teresa aus. »Du wirst in dieser Hinsicht noch einiges zu hören kriegen. Komm! Ich brauche ein bißchen Ruhe.«

Ferdi hält sie jedoch zurück.

»Warte. Da hat nämlich noch Hardekopf angerufen.«

Teresa wendet sich ihm zu. Mißtrauen glimmt in ihren dunklen Augen.

»Was hat er gewollt? Daß ich Hubert endlich heiraten soll?«

»Nein. Ganz schlau bin ich aus seiner Rederei nicht geworden, aber Hubert kam bestimmt nicht drin vor. Man habe ihn, sagt er, von höchster Stelle aus informiert, unser Pulver könne sich militär- und wirtschaftspolitisch als außerordentlich wichtig erweisen und sei deshalb polizeilich streng zu bewachen.«

»Ist das ein Witz?«

Ferdi zuckt die Schultern. »Hardekopf und Witze? Paßt das zusammen? Vielleicht wollen sie im Verteidigungsfall den Gegner durch Besprühen mit dem Zeugs für ein paar Jährchen human unschädlich machen oder Arbeitslose für bessere Zeiten kostensparend frisch erhalten. Ich hab' ihm jedenfalls gesagt, bei uns könnten wir höchstens einen Polizisten in deinen Kleiderschrank setzen, und dagegen hättest du sicher was einzuwenden. Außerdem sollte er sich besser gleich an die Pharmaleute

wenden, die das Pulver ohnehin morgen abholen würden.«
Teresa seufzt. Nun kommt auch noch Politik ins Spiel, aber solange Hubert nicht wieder in Erscheinung tritt und kein Polizist in ihrem Kleiderschrank sitzt, ist ihr auch das recht.

»Gut«, sagt sie. »Dann ist ja alles in schönster Ordnung. Komm endlich.«
Und sie zieht Kasimir mit sich über die Treppe nach oben.

Nach dem unerfreulichen Nachmittag wird es ein höchst erfreulicher Abend. Anna hat frischen Spargel mit reichlich Parmaschinken samt einer Flasche guten Weins aus dem Forsthaus herübergebracht, hat zuvor den Tisch mit dem noch vom Urgroßvater stammenden alten Meißner Geschirr gedeckt, und nun brennen die Kerzen in dem noch älteren kupfernen Leuchter, und ihre Flämmchen werden leise von dem lauen Lufthauch bewegt, der durch die zum Hof geöffneten Fenster dringt. Draußen hebt sich der Umriß des Bergfrieds schwarz gegen den noch hellen Himmel ab, aber im Hof ist es schon dunkel und still. Jakob hat vor kurzem bei seinem letzten, teils Plutos Auslaufbedürfnis, teils seiner Kastellanspflicht dienenden Rundgang das schwere, knarrende Tor im Durchgang des Torturms geschlossen und damit endgültig den Abendfrieden besiegelt. Kommen kann nun niemand mehr, und die einzigen Geräusche in der Stille der sinkenden Nacht sind ein gelegentlicher schläfriger Vogellaut aus dem Gezweig der Linde oder ein aus dem Forsthaus gedämpft herüberwehendes Lachen.

»Schön«, sagt Kasimir nachdenklich in die Stille hinein. »Ich weiß, daß viel Zeit vergangen, daß meine Welt versunken und eine neue entstanden ist, die mir noch fremd erscheint und es vielleicht auch bleiben wird, aber hier, in diesem Raum, kommt's mir vor, als sei kein Tag seit damals vergangen. Selbst der Tisch ...«, er beugt sich vor und fährt unter der Tischdecke mit der flachen Hand über die dicke, gewachste Platte, spürt mit den Fingern ihrer Maserung nach, »... und die Sessel sind dieselben wie früher.«

»Da hast du Glück.« Das Kerzenlicht spiegelt sich in Teresas Lächeln. »Mein Vater wollte sie auch mit den Möbeln aus den Fürstenzimmern verkaufen, aber Mutter hat es nicht zugelassen. Sie sagte, wenigstens in den Räumen, die wir bewohnten, brauche man nicht zu merken, wie arm wir sind.«
Sie hebt ihr Glas, läßt ihre Nase die Blume des Weins genießen und sieht über den Glasrand zu ihm hinüber.

»Hast du mit ... mit der anderen Teresa manchmal auch so zusammengesessen?«

»Nein, nie!« Die Antwort kommt sofort, ohne Überlegen. »Sie brauchte stets Menschen um sich, möglichst viele. Es waren immer Gäste im Haus. Sie meinte, im Kloster hätte sie sich lange genug gelangweilt, und wenn sie gewußt hätte, daß ich sie auf ein Schloß mitten im Wald entführen würde, wo sich die Füchse gute Nacht sagen ...« Er lacht kurz auf, nicht gerade heiter. »Aber das hat sie erst nach den ersten beiden Jahren gesagt.«

»Ihr habt euch doch geliebt«, sagt sie, und es klingt ein wenig nach Frage.

»Natürlich. Hätte ich sie sonst entführt? Hätte sie sich sonst entführen lassen?«

»Auch nach den ersten beiden Jahren?«

»Ja, auch danach. Vor allem, wenn wir nicht beisammen waren.«

Es hört sich widersinnig an, aber Teresa begreift. Zwei lebenshungrige, temperamentvolle junge Menschen, die in sich noch nicht die Ruhe gefunden hatten, in Eintracht miteinander zu leben.

»Hast du sie darum so oft hier allein gelassen?«

»Nein, nicht nur darum ...«

Plötzlich springt sie auf, rückt ihren Sessel näher zu ihm, setzt sich wieder und sagt:

»Erzähl mir von dir! Ich weiß im Grunde so wenig und möchte gern so vieles wissen.«

Sie sieht ihn erwartungsvoll an. Das Kerzenlicht reicht eben aus, um den ganzen Reiz ihrer zwanglos im Sessel lehnenden Gestalt sichtbar werden zu lassen, und wenn da nicht ihre Kleidung wäre, der violettsamtene Hosenanzug, den sie nach ihrem mißglückten Spaziergang angezogen hat, hätte er sie in diesem Raum, in dem sich so wenig verändert hatte, für jene andere Teresa halten können: seine wilde Liebe von einst und die von jetzt in einer Person vereint. Es ist wie ein Zauber, in dem Vergangenheit und Gegenwart miteinander verschmelzen.

»Nein, nicht nur darum«, wiederholt er und kommt allmählich ins Erzählen. Sein Vater habe ihn sich stets in fürstlichen Diensten gewünscht, und die Kabolski seien entfernt mit Stanislaus Leszczynski verwandt, der damals zum zweitenmal nach der polnischen Krone gegriffen habe. Es sei gleichsam Familienpflicht gewesen, sich ihm zur Verfügung zu stellen. Doch er, Kasimir, habe nicht mehr allzuviel Pulver gerochen, denn in dem Stadium, in dem er zu Leszczynski gestoßen sei, habe sich der Krieg schon mehr in den Kabinetten der europäischen Fürsten als auf den Schlachtfeldern abgespielt. Rußland und die Habsburger seien auf seiten des sächsischen Kurfürsten gewesen, die Bourbonenkönige Spaniens und Frankreichs hätten Leszczynski, den Schwiegervater

Ludwigs XV., unterstützt, und alle miteinander hätten zudem noch ihr eigenes Süppchen dabei gekocht. Ihn habe Leszczynski, weil er Italienisch zu sprechen verstehe, in einer Art geheimen Mission zu König Carlo Emanuele von Piemont nach Turin geschickt, um ihn zu stärkerem Eingreifen auf seiner Seite zu bewegen.

Längst vergangene Historie von einem, der persönlich dabei war, erzählt zu bekommen, ist aus begreiflichen Gründen selten, und auch dann sind es weniger trockene Zahlen und Fakten, die interessieren, als die von der eigenen Phantasie romantisch verklärten Gestalten – Könige, Prinzen, Feldherrn, kluge Frauen –, die sie bewegen. Teresa ist keine Ausnahme von dieser Regel.

»Carlo Emanuele, wie hübsch das klingt!« wirft sie mit träumenden Augen ein. »Er ist sicher ein schöner Mann gewesen.«

Kasimir lacht.

»Nicht alle Könige sehen so aus wie die Standbilder, die man ihnen errichtet. Ich muß dich enttäuschen. Häßlich war er, fast bucklig, und er stotterte, wenn er aufgeregt war. Aber er wollte sich von den Österreichern das Herzogtum Mailand holen, von dem schon sein Vater gesagt hatte, es sei das leckerste Blatt der italienischen Artischocke.«

»Hat er's bekommen?«

»Nein, natürlich nicht. Nur ein Stück Lombardei bis zum Ticino. Er war der Kleinste im Bunde, und die besten Bissen blieben für die Großen. Wie immer und wohl auch noch heute.«

»Und wer ist König von Polen geworden?«

»Der sächsische Kurfürst. Leszczynski wurde vom Schwiegerpapa mit dem Herzogtum Lothringen getröstet. So kam ich auch einmal nach Paris.«

Während die Kerzen eine nach der andern flakkernd verlöschen und nur noch von den Fenstern her schwaches, silberdurchwirktes Licht der Sternennacht draußen das Dunkel erhellt, berichtet Kasimir von der Pracht des Hofs, spricht von Bällen, Empfängen, Jagden, von schönen Frauen, Intrigen und Hintertreppengeschichtchen, von Versuchungen, denen er nicht immer widerstand, weil er jung war und Widerstehen allzu unhöflich gewesen wäre. Und vor Teresas innerem Auge formt sich aus seinen halblaut hingeworfenen Worten eine versunkene, glanzvoll-lebenslustige Welt, der sie nichts entgegenzusetzen hat als dieses Schloß, die Erfahrungen eines nicht eben ereignisreichen Lebens und ein Gefühl für ihn, das ihr bis dato in dieser Hinsicht ungenutztes Herz zu sprengen droht, von Glück, aber auch ein wenig Angst erfüllt.

»Wirst du dich nach alldem in unserer soviel

glanzloseren Welt noch wohlfühlen können?« fragt sie beklommen.
Er schweigt, dann tastet er nach ihrer Hand auf der Lehne des Sessels, zieht sie mit sich zum offenen Fenster.

»Schau«, hört sie ihn nach einer Weile gedämpft, »das hab' ich gesucht, als ich damals zurückkam. Es sah nicht anders aus als heute. Ich war neugierig auf die Welt gewesen. Wer wäre es nicht mit fünf- oder sechsundzwanzig Jahren? Aber selbst da hab' ich zuweilen Sehnsucht gehabt.«
Eben wird unten die Hintertür des Forsthauses aufgestoßen, eine dunkle Gestalt ist kurz im herausfallenden Licht zu erkennen, Schritte queren den Hof, es kann nur Ferdi sei, der den Abend mit Freunden im Restaurant verbracht und sie deshalb zum Glück nicht gestört hat. Da ihre Fenster dunkel sind, wird er auch jetzt nicht mehr kommen.

»Und wonach hast du dich gesehnt?« fragt sie, als das Geräusch des sich schließenden Portals heraufdringt.

»Wonach?« Er lacht, ein richtiges Jungenslachen. »Nach dem hier ...« Er weist mit einer Armbewegung nach draußen. »Und nach Teresa. Ich hatte sie ja geliebt, aus der Ferne besonders. Doch sie erwartete, daß ich in Leszczynskis Diensten bleiben und mich mit ihr ins Pariser Leben stürzen oder wenigstens in Nancy

niederlassen würde, wo der neugebackene Herzog residierte. So kam es immer wieder zum Streit. Und so verrückt es klingt, ich glaube wirklich …«, und sein Lächeln über die Absurdität des Gedankens schwingt in seiner Stimme mit, »… daß es so war, wie ich dir's schon einmal sagte: In ihr habe ich damals eigentlich schon eine andere Teresa, nämlich dich, geliebt.«
Er zieht sie an sich, seine Lippen suchen ihren Mund, und schon schwebt sie wieder auf ihrem Glückswölkchen auf und davon, aber nun nicht mehr ziellos ins Blaue, sondern einem festen, sicheren Hafen entgegen. Was um sie herum in aller Welt passiert, daß etwa ein Stockwerk über ihr Ferdi sich in schwindelnden Kalkulationen über künftige Gewinne ergeht, während ein weiteres Stockwerk drüber der endlich doch Annas Werben erlegene Jakob die profunde Wahrheit der Erkenntnis erfährt, daß ein warmes Mädchen allemal besser ist als ein kalter Klops, wäre ihr, wüßte sie's, in diesem Moment völlig einerlei. Jeder sucht eben das Glück auf seine Weise. Und nur allzu natürlich ist, daß sie bei diesem Schweben die Hoffnung begleitet, was in den nächsten Tagen noch zu erwarten sei, werde schon nicht so schlimm werden, wie sie fürchte …

Dreizehntes Kapitel

Aber es wird nicht nur schlimm, es wird noch viel schlimmer. Die Führungen sind das wenigste, die ist man gewohnt. Man kann ihnen aus dem Wege gehen, und ein etwas bläßlicher, übernächtigt wirkender Jakob tut überdies trotzdem sein Bestes, die unerlaubt auf Privates Neugierigen in Zucht und Ordnung zu halten. Doch um von vornherein Teresas Proteste zu umgehen, hat Ferdi ihr vorsichtshalber verschwiegen, daß sich für diesen Vormittag Fernseh-Leute angesagt haben. Das Fernsehen ist schließlich zur Erzielung größtmöglicher Öffentlichkeit unumgänglich, und an Öffentlichkeit ist Ferdi sehr gelegen, um die Konkurrenz um das Wundermittel anzuheizen. Andererseits kann sich's das Fernsehen im Dienste eben dieser Öffentlichkeit nicht erlauben, ein Ereignis unbeachtet zu lassen, das, bisher einmalig

in der Geschichte, der Wissenschaft neue Horizonte eröffnet. Es soll zwar einmal einen gewissen Methusalem gegeben haben, eine Art Weltrekordmann des Alters, aber damals hat die Menschheit noch ohne Fernsehen auskommen müssen, und wann hat man schon Gelegenheit, einen fast dreihundertjährigen quicklebendigen Zeugen des Wandels der Zeiten vor Mikrofon und Kamera auszuquetschen?
Der Überfall – anders läßt sich's in Anbetracht der Umstände nicht bezeichnen – findet also total überraschend statt, während sich unten die Anwärter auf die erste Führung sammeln und Teresa und Kasimir im Wohnzimmer noch bei einem späten, zärtlich überglänzten Frühstück sitzen. Er beginnt mit Motorenlärm und Geschrei unten im Hof, mit dem im ersten und zweiten Anlauf vergeblichen, im dritten endlich erfolgreichen, wenn auch mit Schrammen im Lack erkauften Versuch, eine Art Bus durch die für solch umfängliches Vehikel nicht vorgesehene Durchfahrt des Torturms zu schleusen, setzt sich inmitten der auseinanderstiebenden Schloßbesucher im nicht weniger geräuschvollen Ausschwärmen eines Trupps Kabel hinter sich herschleifender, mit Scheinwerfern und sonstigem Zubehör beladener Helfer fort und endet fürs erste im formlosen, von Ferdi entschuldigend und erklärend begleiteten Erscheinen zweier Herren am Frühstückstisch, die sich

als Reporter und Kameramann des Teams erweisen.
Niemand läßt sich gerne stören, schon gar nicht, wenn man wie Kasimir keine blasse Ahnung hat, um was es eigentlich geht und was die zudringlichen Burschen von ihm wollen. Ein Fernsehapparat existiert nur im Forsthaus drüben, er hat lediglich in der Zeitung davon gelesen, so recht was vorstellen kann er sich nicht, und nun reden drei Leute auf ihn ein, zeitweise von Teresas Protesten übertönt, und zu allem Überfluß taucht auch noch ein verstörter Jakob auf, der dringlich um Anweisung ersucht, ob die erste Führung nun trotzdem planmäßig stattfinden kann und soll oder nicht. Ferdis und des Reporters Überredungskünste lassen Teresas Proteste schließlich versiegen, zumal die Kamera schon in Aktion ist, um diesen ungewöhnlichen Interview-Beginn festzuhalten, und allzu undamenhafte Temperamentsäußerungen sich schon deshalb verbieten. Ferdi kann sich befriedigt die Hände reiben, das Interview kommt allmählich in Fluß, sogar der Abstieg durch den Kleiderschrank in die Geheimkammer wird nach Mahnung zu äußerster Vorsicht genehmigt. Hieronimus auf seinem Strohsack richtig ins Bild zu kriegen, scheitert allerdings an dem bedrohlich knurrenden Pluto, dessen Großaufnahme als Ersatz dafür herhalten muß. Immerhin ist auch er eine Rarität.

Bis alles vorüber ist, die ungebetenen Besucher mit ihren Helfern samt Bus und allem Zubehör wieder verschwinden, vergehen Stunden, und daß dann auch noch zwei Herren der Pharma-Firma Sachs & Co. mit dem Auftrag erscheinen, die Phiole mit dem Wunderpulver zu näherer Untersuchung abzuholen, fällt nach dem Vorangegangenen kaum ins Gewicht. Ein Nebenbei, das nur noch nachträglich einen kleinen Wirbel verursacht, in dem völlig untergeht, daß sich ihnen beim Rückweg über den Hof zwei weitere Herren hinzugesellen, die verdächtig nach Polizisten in Zivil aussehen.

Teresa und Kasimir genießen einstweilen die wiederhergestellte Ruhe. Niemand, der sich unaufgefordert ins Zimmer drängt, der törichte Fragen stellt und die eigenen Antworten mit einem merkwürdigen metallischen Ohr festhält. Niemand, der ein surrendes, gläsernes Auge auf einen richtet. Kein blendendes Licht, kein Lärm, kein Nichts, und doch lauert im Hintergrund das ungute Gefühl, daß all das, was da eben geschehen ist, sich in der nächsten Minute wiederholen könnte. Situationen wie diese sind förderlich für jähe Entschlüsse.

»Wie wär's, Teresa«, sagt Kasimir unvermittelt aus grübelndem Schweigen, »wenn wir heiraten würden?«

Teresa ist keineswegs erstaunt; sie hat ähnliches gedacht. Immer schon, schon als kleines

Mädchen, hat sie ja den jungen Mann auf dem andächtig bewunderten Bild heiraten wollen. Scherzend ist von dem porträtierten Urahn in der Familie immer nur als von »Teresas Bräutigam« die Rede gewesen. Und später hatte sie es zwar nicht mehr so naiv und offen bekannt, aber die seltsam nahe Beziehung zwischen ihr und dem Bild war stets geblieben. Keiner der jungen Fante, die sich hin und wieder, von ihrer italienischen Schönheit verlockt, zu Flirtversuchen reizen ließen, hat an ihn heranreichen können. Hubert schon gar nicht. Warum sollte sie also nicht an Heiraten denken, vor allem – und im Erinnern spürt sie, wie ihr das Blut heiß ins Gesicht steigt – nach dem, was vorangegangen war?

»Ja«, erwidert sie freudig. »So schnell wie möglich, und dann sofort auf Hochzeitsreise, um diesem Trubel hier zu entgehen.«

Seine Miene heitert sich sichtlich auf.

»Ich war heute schon nahe daran, mich hundert Jahre weiter zu wünschen. Ich brauch' einen Anker, der mich in dieser Welt hier festhält.«

Teresa springt auf. Wenn es so steht, ist Eile dringend geboten, und sie weiß auch schon einen Weg. Übers Standesamt geht's nicht, das dauert zu lange und wäre auch nicht geheimzuhalten. Aber kirchlich reicht vorerst auch, und Hochwürden Jonas, der seit Jahrzehnten die

Dorfkirche von Herrenberg und zwei weitere kleine Gemeinden der Umgebung seelsorgerisch betreut, war ihr dank gelegentlicher, wenn auch notgedrungen sparsam bemessener Spenden gewogen. Außerdem hatte er selbst sie getauft, und Kasimir war um etliches früher in der gleichen Kirche aus der Taufe gehoben worden. Wenn also jemand eine Ausnahme von sonst streng einzuhaltenden Regeln machen würde, dann er, ganz abgesehen davon, daß man nach Einbruch der Dunkelheit unbeobachtet von etwa noch herumlungernden Neugierigen zu der kleinen Kirche gelangen konnte.

»Warte«, sagt sie eilig. »Ich versuche, jemand zu finden, der dich schnellstens an deinen Anker kettet. Und untersteh dich, dich inzwischen wieder weiterzuwünschen – ohne mich!« Die Bibliothek ist leer, Ferdi nicht da, nur auf dem Schreibtisch herumgestreute Papiere und ein randvoller Aschenbecher zeugen von seiner aufreibenden Manager-Tätigkeit. So hat Teresa die erhoffte Gelegenheit, ungestört nach Hochwürden Jonas herumzutelefonieren. Er befindet sich wiedermal unterwegs zwischen seinen drei Gemeinden, und wenn man bedenkt, daß er mit seinen achtundsechzig Lenzen nicht mehr der Jüngste ist, daß diese Wege hügelauf, hügelab durch Wald und Flur führen, und daß er sie per Fahrrad zurücklegt, läßt sich vorstellen, daß es Zeit braucht, seiner habhaft zu werden, Zeit, die ihrer Ungeduld endlos scheint.

Als sie endlich am anderen Ende seine freundlich-asthmatische Stimme hört und ihm gründlich auseinanderklamüsert hat, was ihr so dringend am Herzen liegt und warum, bleibt es bis auf ein Schnaufen, das immerhin seine weitere Anwesenheit kundtut, erst ein Weilchen still, doch dann vernimmt sie Zustimmung.

»Es ist zwar gegen die Vorschrift, die zumindest ein Aufgebot fordert, aber in Ihrem besonderen Fall und Ihren beiderseitigen festen Entschluß vorausgesetzt, scheint mir Verständnis und Nachsicht angebracht. Wann soll es denn sein, mein liebes Kind?«

»Heute abend noch, wenn's geht!« platzt Teresa heraus. »Das heißt, nein ...«

Ihr fällt ein, daß da doch noch einiges an Vorbereitungen zu treffen ist. Besondere Ansprüche kann sie unter diesen Umständen nicht stellen, aber Kasimir soll wenigstens in einem anständigen Anzug zur Hochzeit erscheinen, nicht in dem Rock, in dem er schon ein paar hundert Jahre geschlafen hat, und das braucht seine Zeit.

»Heute also nicht, aber dann morgen abend, sobald es dunkel geworden ist«, fährt sie eilig fort.

»Muß Liebe schön sein, wenn sie so ungeduldig ist!« seufzt der Pfarrer begeistert. »Also gut. Kommen Sie mit dem Grafen morgen nach neun zu mir. Es wird alles bereit sein.«

»Was soll morgen abend nach Dunkelwerden passieren?« fragt Ferdi, der, aus dem Forsthaus zurückgekehrt, unbemerkt eingetreten ist und ihre letzten Worte gehört hat.

»Hochzeit«, erklärt sie lakonisch und freut sich über sein verdutztes Gesicht.

»Wer? Du und ...?«

»Wer sonst! Ich muß Kasimir an die Kette legen. Er hat von dieser Welt schon genug.«

»Versteh' ich nicht. Warum?« Ferdi ist mit dieser Welt neuerdings sehr zufrieden. »Ich hab' eben drüben euern Fernseh-Auftritt gesehen. Die Leute im Restaurant waren von ihm begeistert. Ein so junges Gesicht bei diesem Alter! Ich hab' auch schon eine grandiose Werbeidee. Stell dir vor: sein Kopf auf dem Etikett jedes Fläschchens des künftigen Elixiers, und das Zeug wird den Apothekern aus den Händen gerissen.«

Teresa macht sich auf den Weg zur Tür.

»Erzähl's ihm nicht«, warnt sie. »Nicht jeder hat den Ehrgeiz, seinen Kopf bei jedem Apotheker und in jedem Badezimmerschränkchen zu wissen.«

Ferdi hört nur halb hin. Er ist mit seinen Gedanken schon wieder ein Stückchen weiter. Blitzartig ist ihm aufgegangen, daß seine gran-

diose Werbeidee durch diese neue Entwicklung zu noch grandioserer Wirkung kommt. Wenn schon Kasimirs Kopf auf dem Etikett jugendliches Feuer auf Dauer verhieß, wieviel mehr dann erst die Kunde, daß er in seinen Jahren noch ein zweiundzwanzigjähriges Mädchen geheiratet hat! Nur war es angebracht, Teresa vorläufig nichts davon wissen zu lassen. Erfahrungen der letzten Zeit besagten, daß sie in mancher Hinsicht noch recht altmodisch war.
Vor der Tür wendet sie sich noch einmal um.

»Übrigens«, sagt sie und bestätigt gleich seine Vorsicht, »darf natürlich niemand davon erfahren. Nur Jakob muß es wissen, weil ihr beide uns morgen als Zeugen begleiten sollt. Inzwischen sehe ich mich in der Kleiderkammer unter Papas hinterlassener Garderobe nach einem halbwegs anständigen dunklen Anzug für Kasimir um. Von deinen dürfte ja keiner passen. Du bist zu dünn.«
Bevor er protestieren kann, ist sie draußen.
Mit der Kleiderkammer wird es einstweilen nichts, denn zuvor will sie Kasimir schnell von dem für morgen anberaumten Ankerwerfen unterrichten, und dabei stößt sie auf gänzlich Unerwartetes.
In schlafendem Zustand hatte Hieronimus sich so gründlich dem Inventar der Geheimkammer eingefügt, daß niemand mehr so recht an eine baldige Änderung glaubte. Kasimir war zwar

zweimal täglich runtergegangen, um nach ihm zu sehen und die für alle Fälle in Gang gesetzte Petroleumlampe mit Brennstoff-Nachschub zu versorgen, aber es war mehr aus Gewohnheit als in der Erwartung geschehen, ihn in ansprechbarem Zustand vorzufinden. Nicht einmal die Fernsehleute hatten ihn mit ihrem Radau zu wecken vermocht. Wer konnte wissen, ob er nicht eine größere Portion geschluckt hatte? Dann konnte es womöglich noch Jahre dauern. Jetzt aber …

Teresa ist eben mitten in ihrem Bericht, als Plutos freudiges Jaulen aus dem Untergrund gedämpft heraufdringt. Dann fliegt die Schranktür im Schlafzimmer krachend auf, das buntscheckige Hundetier kugelt heraus, kurvt teppichaufwirbelnd zur Tür, springt an Kasimir hoch, jault von neuem beglückt und verschwindet wieder polternd im Schrank.

»Was hat er?« fragt Kasimir verblüfft. »Eine Ratte kann er nicht erwischt haben. Die hätte er angeschleppt. Außerdem gibt's da unten keine.« Plötzlich schlägt er sich mit der flachen Hand vor die Stirn. »Natürlich! Daß ich nicht gleich dran dachte. Hieronimus!«

Und schon ist er nicht weniger polternd als Pluto auf dem Weg nach unten.

Wahrhaftig, da sitzt er grauweißlich und struppig auf seinem Strohsack und blinzelt ins Licht der Petroleumlampe. Bei Kasimirs Anblick heitert sein knochiges, wie aus Urgestein herausgehauenes Gesicht sich auf, soweit sich seine Stimmungslage im Gewirr von Haar und Bart, aus dem nur die schnabelartige Nase ragt, überhaupt ausmachen läßt. Doch dann scheint sein Blick an seinem Herrn vorbeizuwandern und sich mit grenzenlosem Staunen zu füllen, denn hinter Kasimir ist Teresa in sein Blickfeld geraten.

»Die Herrin auch! Wie ist das möglich?« murmelt er verstört. »Dann können wir nicht lange geschlafen haben. Oder hat auch die Herrin vom Pulver gekostet?«

»Nein«, beruhigt ihn Kasimir. »Es ist nicht die Herrin, die du kennst, es ist eine späte Nachfahrin von ihr, und ihre Ähnlichkeit ist nur äußerlich.«

Hieronimus scheint zufriedengestellt. »Und wie lange haben wir geschlafen?«

Die Zahl der Jahre, die Kasimir nennt, überrascht den Alten keineswegs. Man sieht ihm nur an, daß er emsig rechnet. »Dann sind wir also noch nicht im dritten Jahrtausend angelangt.«

»Noch nicht ganz. Es bleiben noch fünfzehn Jahre, in denen du hier ungestört forschen kannst.«

Hieronimus hebt abwehrend eine ledrig-magere Hand.

»Es wären fünfzehn verlorene Jahre. Ihr

wißt, Herr, daß wir uns unsere Lebenskraft nur während des langen Schlafs bewahren, und ich bin schon zu alt und könnte in diesen Jahren sterben, bevor ich das dritte Jahrtausend erreiche.«

Ein Schauer überläuft Teresa. Die Stimme des Alten, obwohl rauh und brüchig, als käme sie schon aus einer anderen Welt, klingt noch immer bestimmt, und deshalb fragt sie:

»Aber was erwartet Ihr vom dritten Jahrtausend?«

Er wendet sich erneut zu ihr. In seinen tiefliegenden hellen Augen unter den buschigen Brauen blitzt es höchst lebendig auf.

»Die Drei, Herrin, ist unsere heilige Zahl, in der sich Anfang, Mitte und Ende aller Dinge vereinen. Gott ist die Trinität von Vater, Sohn und Heiligem Geist, durch die Dreiheit von Schicksal, Notwendigkeit und Ordnung besteht die Welt, und jeder Körper ist durch die Dreiheit seiner Dimensionen bestimmt. Schon die alten Weisen prophezeiten, daß erst im dritten Jahrtausend nach Christi Geburt die Enthüllung der tiefsten Geheimnisse zwischen Himmel und Erde gelingen werde. Reicht mir also die Phiole mit dem Pulver, Herr.«

Sein Wunsch ist leider nicht zu erfüllen, und Kasimir muß bekennen, daß er die Phiole Alchimisten von heute, Chemiker geheißen,

übergeben habe, die die Eigenschaften des Pulvers voneinander trennen wollten.
Hieronimus hat für solche Bemühung nur ein kurzes, spöttisches Lachen übrig.

»Was können sie schon vom Geheimnis des Großen Werkes verstehen?« raunzt es aus seinem Bart. »Was wissen sie von den Zeichen der Sterne, vom trockenen Wasser und dem Stein der Weisen? Sie werden vielleicht das Alltägliche, Nützliche herausfiltrieren, das große Ziel jedoch, die letzte Vervollkommnung muß ihnen verborgen bleiben. Sie mögen den Zugang kennen, aber sie haben nicht den Schlüssel dazu. Übrigens tut es nichts, daß Ihr ihnen das Pulver gegeben habt. Ich habe noch ein wenig zurückbehalten.« Und er zieht einen kleinen Glasbehälter unter dem Strohsack hervor. »Ihr seht, meinem neuerlichen Aufbruch steht nichts im Wege.«

»Aber nicht gleich!« wendet Teresa eilig ein. »Einen kleinen Imbiß solltet Ihr wenigstens noch zu Euch nehmen.«
Im Urgesteinsgesicht des Alten zeigen sich Spuren eines ein wenig aus der Übung geratenen Lächelns, Anzeichen offenbar, daß er die Beziehungen zur irdischen Welt, insbesondere zu den Freuden des Magens noch nicht völlig abgebrochen hat.

»Ihr seid zu gütig, Herrin, und in diesem Punkt der einstigen wahrlich nicht ähnlich«, sagt er. »Warum also nicht, wenn Ihr mir erlaubt, ihn auf meinem Lager einzunehmen. Jeder Schritt wäre unnötige Vergeudung einer Kraft, die ich in der Zukunft noch brauchen werde.«

Jakob hat schon früh, als sich erst wenige Leute im Schloßhof eingefunden hatten, das Nötige aus dem Forsthaus geholt, und obwohl es schon zum Mittagessen hat herhalten müssen, ist genug vorhanden, das Anna nur zu wärmen und dem Alten zu servieren braucht.

Es ist eine Freude, Hieronimus gleich darauf schmausen zu sehen. Vorher streicht er sich des besseren Zugangs zum Munde wegen den wuchernden Bart beiseite, krempelt die weiten Ärmel seines kuttenartigen Gewandes hoch, um den Händen mehr Bewegungsfreiheit zu geben, schlingt sich wohl mehr der Anwesenheit der Herrin als eigenem Bedürfnis zuliebe die von Anna mitgebrachte Serviette um den dürren Hals, und dann legt er los. Er speist mit Genuß, man sieht's und hört's. Als er den letzten Bissen hinunter hat, leckt er sich noch nachschmeckend die fettigen Lippen und bemerkt dankbar:

»Ihr hattet recht, Herrin. Der Mensch lebt nicht nur aus dem Geist, sondern auch aus dem Magen. Man vergißt es zu leicht. Doch jetzt vergebt mir, wenn ich zum Aufbruch dränge, denn …«

»Ich weiß«, fällt Teresa lächelnd ein, »das dritte Jahrtausend wartet auf Euch. Wir werden Euch in ihm erwarten und bei der Erforschung der letzten Wahrheiten helfen.«
Kasimir beugt sich plötzlich zu ihr:

»Und wenn wir ihn ein Stück auf seiner Reise begleiten, nur einen Monat, nur ein Vierteljahr, lange genug, um das Aufsehen da oben verrauschen zu lassen?«
Der Alte nimmt Teresa energisch die Antwort ab:

»Nein, Herr, nicht einen einzigen Tag. Euch würde nur das gleiche Aufsehen empfangen. Ihr habt in dieser Welt jetzt Anker geworfen. Nun müßt Ihr dieses Abenteuer bewältigen, wie Ihr die früheren bewältigt habt, und mit allen, die guten Willens sind, dafür wirken, daß diese Welt auch dann noch besteht, wenn ich wieder erwache!« Und dann zu Teresa mit einem Lächeln, das Ernst und Beschwörung enthält: »Haltet ihn fest, Herrin, fester als die andere, der Ihr so ähnlich seht. Ich weiß, Ihr könnt es!«
Darauf öffnet er vorsichtig den Glasbehälter, bemißt mit Hilfe des Deckels eine kleine Portion, schluckt sie ruhig und streut noch ein wenig auf seine Handfläche, die er dem aufmerksam zu ihm aufblickenden Pluto bietet.

»Ich will ihn bei mir haben«, sagt er. »Er ist

so lange schon mein Freund und Begleiter gewesen.«
Dann legt er sich auf dem Strohsack zurecht, Pluto sucht sich wedelnd ein Plätzchen zu seinen Füßen, und zwei Minuten später künden seine Atemzüge, daß er die neue Etappe seiner Reise angetreten hat.
Sie sitzen noch bei ihm, als oben jemand durch den Schrank poltert und Ferdis aufgeregte Stimme herunterruft:

»Anna hat mir eben erzählt, daß der Alte wach ist!« Ich hab' zwei Journalisten im Forsthaus drüben und komme gleich mit ihnen runter. Ein Interview mit ihm wäre eine grandiose Sache für uns!«
Teresa und Kasimir lächeln sich zu.

»Laßt sie nur kommen!« ruft Kasimir dann. »Sie müssen nur ein bißchen Proviant und Geduld mitbringen. Für fünfzehn, höchsten zwanzig Jahre, mehr nicht!«

Vierzehntes Kapitel

Hochzeitstage sind bekanntlich besondere Tage, der erste vor allem. Ab dem zehnten spätestens geraten sie in Gefahr, zu lässig geübter Gewohnheit oder gar vergessen zu werden, und erst beim fünfzigsten erstrahlen sie wieder in vollem, wenn auch ein wenig melancholisch gedämpftem Glanz, und wenigstens an diesem einen Tag nimmt sich die Gästeschar an der Ausdauer des Jubelpaares ein beherzigenswertes Beispiel.

Ein Festtag ist also auf Herrenberg angebrochen, doch dieser weicht vom Üblichen insofern ab, als niemand davon erfahren darf. Vorläufig wenigstens nicht, denn es läßt sich unschwer vorstellen, was sich sonst ums Schloß herum an zusätzlicher Neugier tun wird. Jakobs und auch Annas Verschwiegenheit kann Teresa sicher sein, seitdem diese durch Jakob

Zugang zu den höheren Verpflichtungen traditionsbewußten Herrschaftsdienstes gefunden hat; der schwache Punkt ist natürlich Ferdi, und deshalb beschließt Teresa, sich ihn energisch vorzuknöpfen.
Die Gelegenheit dazu ergibt sich, als Ferdi vormittags freudig erregt mit der Nachricht erscheint, soeben habe ein leitender Herr von Sachs & Co. angerufen und mitgeteilt, daß die Analyse des Pulvers ein befriedigendes Ergebnis gebracht und Möglichkeiten zu vielversprechenden Entwicklungen eröffnet habe. Der Optionsvertrag könne also in einen endgültigen umgewandelt werden. Er selbst, Ferdi, werde sich morgen zu diesem Behufe zum Sitz der Firma in der Stadt begeben.

»Ob du oder jemand anders wird sich zeigen«, entgegnet Teresa berechnend kühl.
Ferdi starrt sie entgeistert an. Sonderlich intelligent sieht er dabei nicht aus.

»Wieso? Warum jemand anders?«

»Weil wir dir die Geschäftsvollmacht entziehen werden, falls du wieder eine deiner genialen Ideen gehabt haben solltest und das Fernsehen oder Journalisten sich bei unserer Hochzeit heute abend zeigen.«
Ferdi überläuft's eiskalt. In Windeseile versammelt er den Ablauf des gestrigen Abend in seinem zu äußerster Genauigkeit geforderten Erinnerungsvermögen. Hat er oder hat er

nicht? Gewollt hat er's natürlich, aber im Drange der Geschäfte ist ihm entfallen, ob er auch wirklich …? Doch nein!
Mit knapper Not unterdrückt er das pfeifende Entweichen des Atems aus gepreßter Brust, das seine Erleichterung verraten hätte. Jetzt weiß er's wieder: Er hat nicht! Er hatte den Journalisten angerufen, aber der Bursche war nicht zu erreichen gewesen.
Beleidigt sagt er, um gutes Gewissen zu dokumentieren:

»Wie kommst du bloß auf sowas? Das täte ich nie, jedenfalls niemals ohne deine Erlaubnis!«

»Na, wir werden ja sehen«, meint Teresa skeptisch. »Vergiß übrigens nicht! Du bist heute abend unser Zeuge.«
Bis zum Abend ist noch ein Weilchen hin, aber es ist auch noch viel zu tun, und Störungen von draußen kann sie nicht brauchen. Trotz wiederum beträchtlichen Andrangs werden weitere Führungen für diesen Tag abgesagt – mit dem in Aussicht gestellten Vertrag kann man sich's ja erlauben –, und nachdem Jakob einen entsprechenden Anschlag am Portal angebracht und dieses verriegelt hat, begibt sich Teresa in die Kleiderkammer hinauf, um für Kasimir aus der Garderobe des letzten Hohenberg etwas hochzeitlich Geeignetes herauszusuchen. Doch dabei erweist sich's, daß sie ihren

Vater in der Erinnerung offenbar größer und stattlicher sieht, als er zu Lebzeiten war, denn auch ohne Hinzuziehung Kasimirs wird ihr klar, daß er sich in den zu kurzen Jacken und Hosen nicht gerade eindrucksvoll ausnehmen würde. Was also dann? Muß etwa doch die Joppe herhalten?

Und plötzlich stutzt sie, während sie im Dämmer des Dachbodens langsam zwischen den Reihen der auf Bügeln hängenden Kleidungsstücke hindurchgeht, stutzt, weil ihr Blick an einem braunseidenen, langschössigen Rock mit eingewebtem, hellschimmerndem Blumenmuster hängengeblieben ist, einem wahren Prunkstück, zwar vergilbt und verblaßt, dennoch genau das Richtige für diese Gelegenheit. Dem Schnitt nach stammt es aus Kasimirs Zeit, vielleicht hat es ihm gar gehört, und wenn nicht, müßte es ihm immerhin passen.

Teresa stellt ihn sich in diesem Kostüm vor, und wie in einer Vision sieht sie sich unversehens neben ihm, nicht in irgendeinem der wenigen modischen Fähnchen in ihrem Kleiderschrank unten, sondern in dem rosafarbenen Atlaskleid, das sie bei ihrer ersten Begegnung trug. Natürlich, so mußte es sein! Sie weiß nicht, warum, aber sie verspürt in sich das sichere Gefühl, daß sie so und nicht anders heiraten müssen.

Eilig rafft sie Rock, Gilet und Hose an sich –

Anna wird das dazugehörige Nebenbei, Hemd, Jabot, seidene Strümpfe und passende Schuhe, sicherlich in einer der vollgestopften, alten Kommoden hier oben finden – und hastet in den ersten Stock hinunter, um Kasimir mit ihrem Fund zu überraschen und ihn von ihrer Vision zu überzeugen. Es fällt ihr nicht schwer.
Und so stehen sie dann kurz vor neun zum Aufbruch in der Halle bereit, andächtig von Jakob und Anna bewundert. Ferdi ist schon zur einstigen Kutschenremise im Quergebäude zwischen Palas und Bergfried gegangen, um Teresas alten Wagen vors Portal zu fahren, denn so eindrucksvoll sich die mürbe Pracht ihrer Kostümierung auch noch ausnimmt, sie den Risiken des kurzen Fußwegs den Berg hinunter auszusetzen, wäre allzu verwegen gewesen. Zudem ist Abendbrotzeit, die letzten Neugierigen haben sich ins Restaurant zurückgezogen, niemand ist da, der die Abfahrt beobachten und etwas von Ziel und Zweck des Unternehmens erahnen könnte.
Es ist keine vierspännige Karosse, die sie standesgemäß entführt, aber dafür thront neben Ferdi, dem Fahrer, Jakob in seiner prächtigen Hofmeister-Uniform, und das ist immerhin etwas.

Hochwürden Jonas öffnet ihnen das Tor der weißgetünchten kleinen Kirche am Dorfrand und läßt sie in den von mildem Kerzenschein erhellten Raum unter der im Dämmer verschwimmenden, hochgewölbten Decke treten. Ein Willkommenslächeln strahlt aus seinem rosig-runden Gesicht unter der geräumigen, von einem weißen Haarkranz umzogenen Glatze und mildert die ernste Strenge seines schwarzen Talars. Über die Kleidung des Brautpaars zeigt er sich nicht im geringsten verwundert, als habe er sie so und nicht anders erwartet. Schwacher Weihrauchduft schwebt in der kühlen Luft, und nur hier und da schimmern die Farben der hohen Fenster vorm Dunkel draußen im Widerschein des Kerzenlichts auf.

Der Pfarrherr wandelt ihnen voran durch den schmalen Mittelgang zwischen zwei aufmarschierten Kolonnen dunkler Bänke zum Altar, von dem ihnen eine gekrönte mütterliche Madonna aus Sandstein entgegenlächelt. Sie muß von ehrwürdigem Alter sein, denn die ursprüngliche Bemalung ist bis auf wenige Reste geschwunden, das Grau des Steins färbt den reichen Faltenwurf ihres Mantels.

Feierlich, wie sich's gehört, ist allen vieren zumute, die dem Geistlichen folgen, und was Teresa betrifft, hat sie als Braut, zumal als Braut eines Mannes, den ihr ein Wunder beschert hat, zu frommer Ergriffenheit besonderen Anlaß. Doch auf Kasimir kommt wie aus dunstig vernebelter Ferne noch etwas anderes zu. Ihm ist, als sei er schon einmal hier gewesen, als kenne er diesen Raum. Den holzgeschnitzten Christus auf dem geduldigen, kleinen Esel in der Wandnische neben dem Altar muß er schon einmal gesehen haben, und auch die steinerne Madonna hat ihm schon einmal so zugelächelt wie jetzt, früher, als sie noch farbenfroher gewesen war.

Und dann wird ihm allmählich Gewißheit, eine traumhaft verschwimmende und dennoch von keinem Zweifel berührte Gewißheit, und während ein großes Staunen von ihm Besitz nimmt, verbindet sich das, was in diesem Moment mit ihm geschieht, mit dem längst Vergangenen, und dieses Gefühl des Einsseins beider, des Gewesenen und des Gegenwärtigen, überkommt ihn so stark, daß er erst wieder ganz zur Realität des Augenblicks zurückfindet, als die kleine Zeremonie vorüber ist und Hochwürden Jonas Teresa und ihm seinen Segen erteilt hat.

»Wo bist du eben gewesen?« fragt Teresa ihn leise, als der Pfarrherr sie danach zur Sakristei geleitet.

»Sehr weit fort und sehr nah zugleich«, bekennt Kasimir mit einem unsicheren Lächeln. »Es war wie ein Wunder. Ich habe mit offenen Augen geträumt.«

Auch er hat leise gesprochen, doch der Geistliche ist vom Beichtstuhl her an das Raunen bußfertiger Sünder gewöhnt. Er hat verstanden.

»Kein Traum und auch kein Wunder«, sagt er schmunzelnd, »denn Wunder sind nur Wunder, solange sie sich nicht erklären lassen, und für dieses gibt es eine Erklärung.«

Er weist auf einen in abgegriffenes Leder gebundenen, auf dem altersschwachen Stehpult aufgeschlagenen, dickleibigen Folianten.

»Als ich hier nach dem Vermerk Ihrer Taufe im Kirchenregister suchte, stieß ich auf das Datum Ihrer Vermählung gleichfalls in diesem Gotteshaus am – und nun staunen Sie – am gleichen Tag wie heute, dem 30. Mai, nur anno 1735. Ihre Braut hat damals auch Teresa geheißen, und wenn ich mir deren Porträt im Schloß ins Gedächtnis rufe und diese Teresa hier betrachte, könnte ich meinen, es sei noch die gleiche, und Sie beide begingen nicht Ihren ersten, sondern Ihren zweihundertfünfzigsten Hochzeitstag.«

Einen Moment läßt er seinen heiteren Blick auf den beiden ruhen, dann fährt er fort:

»Jede Ehe ist Versprechen und, wenn es gut geht, auch Erfüllung. Bei Ihnen, Graf, hat es vom Versprechen bis zur Erfüllung nur ein bißchen länger als üblich gedauert.«

Er lacht herzhaft über das, was ihm ein guter Scherz zu sein scheint, doch die zwei, die es angeht, stimmen nur halbherzig in seine Fröh-

lichkeit ein. Ihnen ist, als bestätige die scheinbare Zufälligkeit des gleichen Datums einen geheimnisvollen Zusammenhang, eine über die Zeiten hin wirkende magische Realität, ein Empfinden weckend, das sie auch mit Heiterkeit, aber von ernsterer Art erfüllt und während des den Abend beschließenden kleinen festlichen Zusammenseins begleitet.
Als ihre einzigen Gäste, Hochwürden Jonas und Ferdi, endlich gegangen sind, treten sie beide noch einmal zum Fenster, um auf den nachtdunklen Hof mit der Linde hinauszublikken.

»Unser zweihundertfünfzigster Hochzeitstag?« meint Teresa nachdenklich. »So unrecht hat er eigentlich gar nicht. Ich bin nur froh, daß man dabei so jung sein kann.«

»Ja«, erwidert Kasimir, und sein Blick kehrt mit einem zärtlichen Lächeln von draußen zu ihr, zum matthellen Oval ihres ihm zugewandten Gesichts zurück. »Deshalb will ich auch in den nächsten zweihundertfünfzig Jahren nicht soviel Zeit wie bisher ungenutzt verschlafen!«

Der Ordnung halber ist nur die Reaktion der Familie nachzutragen. Zwar ist man anfangs ein wenig pikiert, von der Entwicklung der Dinge ausgeschlossen gewesen zu sein, aber so waren nun mal die jungen Mädchen von heute, selbst noblen Standes, eine Mesalliance war es keinesfalls, und der finanzielle Aspekt der Verbindung war, wie Ferdinand zu berichten weiß, durchaus mit dem der Hunziger-Ehe zu vergleichen. Die Zustimmung war also allgemein, nur Frau von Hardekopf äußerte bei erster Gelegenheit Teresa gegenüber diskretes Bedenken:

»Ein reizender Mensch, dieser Graf Kabolski, mein liebes Kind, aber meinen Sie nicht, daß der Altersunterschied zwischen euch beiden nicht doch ein bißchen groß ist?«

Hans Nicklisch

Meine Frau ist ein Engel

Roman
Universitas

Hans Nicklisch

Ein Haus in Italien müsste man haben

Heiterer Roman

Universitas

Hans Nicklisch

Zur Liebe ist es nie zu spät

Universitas